삶의 향기 몇 점

황동규
산문집

삶의 향기 몇 점 황동규 산문집

황동규 지음

1판 1쇄 발행 | 2008. 10. 1
1판 4쇄 발행 | 2008. 12. 5

발행처 | **Human & Books**
발행인 | 하응백
출판등록 | 2002년 6월 5일 제2002-113호
서울특별시 종로구 경운동 88 수운회관 1009호
기획 홍보부 | 02-6327-3535, 편집부 | 02-6327-3537, 팩시밀리 | 02-6327-5353
이메일 | hbooks@empal.com

값은 뒤표지에 있습니다.
ISBN 978-89-6078-048-4 03810

대한민국 예술원의 2008년도 창작활동 지원을 받았음

휴먼앤북스 산문정선 1

삶의 향기 몇 점

황동규 산문집

Human & Books

| 책머리에 |

 사람과 그의 삶 사이에 전압차가 벌어졌을 때 서로 근접하려 할 때마다 번쩍번쩍 섬광(閃光)이 튄다. 시건 산문이건 그 섬광들을 자신의 뼈대로 삼는다. 설명을 싫어하는 시는 이 사실에 대하여 적어도 겉으로는 무관심하고, 더 자상한 산문이 해설을 떠맡곤 한다. 시는 등을 잘 보이지 않지만 산문은 곧잘 뒷모습까지 내놓는다. 산문은 시인의 전신(全身)이다.
 이번 산문집은 그동안 쓴 것을 가능한 다 모아놓는 게 주된 목표였던 앞선 모음집들에 비해 어느 정도 계획이 들어간 책이다. 《현대문학》《대산문화》 등에 40매씩의 연재를 했기 때문이다. 산문 40매면 하고 싶은 말을 어느 정도 지면 압박 없이 할 수 있다. 할 수 없을 때는 연재니까 두 번에 나누어 하기도 했다. 따라서 단편적이 아닌 줄기 단위의 생각과 느낌의 전개를 만나볼 수 있을 것이다. 글이 길어

지면 호흡도 어느 정도 길어진다. 그 호흡의 결도 만나볼 수 있을 것이다.

짧은 글들에서도 나름대로 전보다는 정리된 느낌을 받게 될 것이다. 10여 매씩의 《포스코신문》의 두 달간 연재 같은 것이 나름대로 할 이야기를 미리 고를 수 있게 해주었다. 그리고 5년 전 정년은퇴를 했기 때문에 필요할 때 신경 집중을 더 쉽게 할 수 있었다. 그리고 원고가 넘쳐 전처럼 다 싣지 않고 앞뒤 글의 흐름에 잘 어울리지 않는 것 몇을 빼기도 한 것이 그런 느낌에 보탬을 주었을 것이다.

이상하다. 기억력은 현저히 줄었어도 상상력은 시에서도 산문에서도 줄지 않고 더 끓고 있음을 느낀다. 이 일이 기쁨의 샘도 되고 괴로움의 물줄기도 되었다. 줄어드는 기억력 때문에 정말 조그만 것을 잊혀지기 전에 써놓느라 잠에서 깨어 몇 줄 끼적이고는 다시 잠들지 못하거나 맨술의 힘으로 간신히 잠을 이어간 날을 최근에만도 어디 손가락으로 다 셀 수 있으랴.

손볼수록 시는 길이가 줄어들고, 손볼수록 산문은 부피가 는다. 산문 손보기는 화분에 물을 주다가 아 이 문주란이, 아 이 제라늄이 그동안 이렇게 컸나, 놀라는 느낌과 비슷하다. 화분을 간다면 모를까 더 커지면 곤란한데. 더 이상 묽어지지 않도록 위스키 잔에 얼음을 더 넣지 않기로 한 때처럼, 더 이상 부피를 늘리지 않으려고 애쓴 산문도 꽤 있다. 시인의 숙명이다.

그러나 그렇기 때문에 산문은 시인의 해방이다. 산문은 시와 달리 늘 확장되려 하고 있고 또 의무감을 덜 지우기 때문이다. 지난 50여

년간 시를 쓰고 살면서 시 몇 편을 남기지 않은 해는 전혀 없지만, 산문은 몇 해씩 거르기도 했다. 몇 달 동안 시를 쓰지 못할 때는 조바심이 나게 마련이지만, 산문은 책장 속에 숨어 있는 독주 병들처럼 한두 번 마시다가 어디엔가 집어넣고 오랫동안 서로 잊고 지내다가도 다시 만날 때 그들은 변함없이 반갑게 나를 맞아주었다.

산문에 관한 한, 이 산문집은 지금까지의 어느 책보다도 나의 정점을 보여준다고 말하고 싶다. 다음 산문집 머리말에서 이 말을 한 번 더 쓸 수 있다면 얼마나 신명날 것인가!

2008년 9월
황동규

차례

책 머리에

1부 삶의 향기 몇 점

말의 힘, 무서움 _ 13
죽음과의 한 만남 _ 18
어머님의 귀 _ 22
두 손 _ 25
조그만 감격들 _ 29
가을에 _ 32
'비극'이 지워지는 시대 _ 36
외로움과 '홀로움' _ 39
추억을 찾아서 _ 43
크리스마스가 주는 생각 _ 47
사해동포(四海同胞) _ 51
창녕에서 만난 것 _ 55
한 곳을 고치면 다른 곳도 손봐야 _ 59
노인, 노동과 죽음 사이에 끼다 _ 62
필요한 만큼만 가지고? _ 66
덥고 춥고 따지기엔 너무 아까운 _ 70
술 이야기 _ 73
안성 석남사의 이끼 _ 77
꽃 _ 82
삶의 향기 몇 점 _ 94

2부 보헤미안

선기(禪機) _ 109
선(禪)과 니체 _ 120
보헤미안 _ 131
불타는 음악 _ 143
부네 탈 / 보살 얼굴 _ 154
술과 도취 _ 165
삶의 도취 _ 176
역마(驛馬) _ 189
안개 속에서 _ 200

3부 나는 왜 문학을 하는가?

나는 왜 문학을 하는가? _ 215
계속 걷고 있는 길 위에서 _ 221
걷는 길 계속 걷겠다는 다짐과 더불어 _ 226
지금 더 그리운 만해 _ 230
소리의 아이콘 _ 233
삶의 뇌관을 터뜨리는 상상력 _ 245

| 1부 |

삶의 향기 몇 점

말의 힘, 무서움

　이 글을 쓰기 위해 방금 책상머리에 작심하고 앉기 한 시간 반쯤 전 일이다. 점심 먹고 돌아와 보니 연구실 문 앞에 웬 중년 남자가 기다리고 서 있었다. 어디서 본 사람 같기도 하고 전혀 생소한 사람 같기도 해서 혹시 나를 기다리느냐고 물었더니 그렇다고 해 들어오시라고 했다.
　통성명을 하고 보니 20여 년 전 내가 영등포구 당산동에 살 때 당시 초등학교 학생이었던 아들의 젊은 주일학교 선생이었고 지금은 장로가 되어 열심히 자영업을 하며 교회 일을 보고 문학 공부까지 하는 사람이었다. 마침 내가 근무하고 있는 학교에 볼일이 있어 왔다가 일부러 들른 것이었다. 이런저런 이야기를 나누다가 섬뜩한 경험을 하게 되었다. 20여 년 전 아들과 함께 그를 만났을 때 내가 한 이야기 한 마디가 자신의 인생을 바꾸었다는 것이다. 그 당시 그는 엄청난 고민에 빠져 있었다고 했다. 원래 불교 집안의 장손인 그가 기독교에 입문하여 열심히 성경을 읽으며 공부하고 있으나 성경공부도 늘지 않고 신앙심도 늘지 않아 능력이 모자람을 통탄하고 모든 것을 포기하고 싶은 마음의 상태에 있었다. 그때 내가 '열심이 곧 능력이지요' 라고 했다는 것이다. 그 말에 힘을 얻어 그는 열심히 성경을 공부해 신앙심도 깊어져 장로가 되었고 자영업도 제자리에 올려놓아 보람 있는 삶을 살게 되었다는 것이다.

전혀 기억에 없는 이야기였다. 지금도 그렇지만 성경을 좀 읽긴 했어도 전혀 기독교인이라고 할 수 없는 내가 독실한 기독교인 하나를 만들었다니! 그러자 나는 아 말의 힘이란 참 무서운 것이구나 하는 생각을 하게 되었고, 그동안 내가 모르는 사이에 말로 좋은 일도 했겠지만 얼마나 많은 사람에게 몹쓸 일도 했겠는가 하고 생각하니 삶 자체가 순간 섬뜩하게 느껴졌다. 그 섬뜩함은 그가 간 후에도 한참 가시지 않았다.

그러다가 지난 2월 24일 토요일 대전에 가서 후배 시인 셋과 함께 부여읍과 무량사에 들러보고 돌아온 일이 떠올랐다. 고속버스 터미널에 나가 유성행 버스를 탈 때부터 눈도 아니고 비도 아닌 것이 내리고 있었다. 그날 하루 전체가 눈발이 빗발이 되고 빗발이 다시 눈발이 되는, 때로 해도 나타나 나다니곤 하던, 이상한 날이었다. 궂은 날씨 때문인지 토요일 오후지만 나다니는 차량들이 적어서 좋았다. 부여에 들러 정림사지 오층탑을 찾으니 몇 년 사이에 높은 담을 둘러쳐놓고 주차료와 입장료를 받고 있었다. 매표소에서는 방금 들어갔다 나온 사람 하나가 별 볼 것도 없는데 돈을 받았다고 항의하고 있었으나, 우리 넷은 사람이 별로 없는 뜰에서 그 아름다운 오층탑을 독점할 수 있었다.

　너무 높지도 낮지도 않고 수척하지도 풍만하지도 않은 한 줌 더할 것도 뺄 것도 없는 탑이었다. 탑 둘레에서 눈발이 날리다가 빗발이 되고 또 눈발로 바뀌곤 했다. 잠시 동안 햇빛이 비치기도 했다. 우리 가운데 누군가가 '참 희한한 날이네요!' 했다. 그러자 우리는 우산을 쓰고도 모처럼 정말 아름다운 백제탑을 우리만의 것으로 소유할 수 있게 한 날씨를 '희한한' 날씨로 생각하게 되었다.

　부여에서 대천 거의 다 가서 들어가는 만수산 무량사는 알맞은 크기의 예쁜 절이다. 그곳 오층탑은 틀림없이 정림사지 탑의 영향을 받은 탑이지만 좀 둔해 보였다. 특히 모서리 쪽에서 볼 때 더욱 그랬다. 그러나 눈발과 빗발이 섞여 내리는 공간 속에서 오히려 성숙한 탑으로 보이기도 했다. 탑에 비해 너무 적어 보이는 석등이나 너무 커 보이는 2층짜리 극락전도 한 식구답게 보였다. 우리는 눈비와 추위도 잊고 우산 펴는 것도 잊고 그 앞에 한참 서 있었다. 그 분위기는 산신각에서 새로 지은 건물로 옮겨진 김시습의 초상을 보고 산문을 나설 때까지 계속되었다. 단 하나, 산신각에서 산신처럼 모시던 김시습을 큰 건물이긴 하나 평범한 집 속에 모신 일은 다시 생각해보아야 할 것이다. 초상에 비해 너무 큰 건물이라는 생각은 잠시 접어두더라도.

　하여간 눈이 채 녹지 않은 산들 사이로 난 도로를 타고 차창에 부딪는 눈비를 느끼며 다시 대전에 돌아와 저녁을 먹을 때까지 그날은

'희한한' 날이었다. 음식과 함께 즐겁게 술도 몇 잔 나누고 유성 고속 버스 터미널에 도착했을 때는 어둠 속에 날이 완전히 개어 있었다. 그러나 깜빡깜빡 졸며 서울로 돌아오는 버스 속에서 내내 그날은 나에게 희한한 날이었다.

 이틀 후 월요일에 학교에 가서 동료를 만나 이야기를 나누다가 그가 지난 토요일 날씨가 '기분 나쁘게 궂은' 날씨였고 우울했다고 하는 말을 들었다. 자세히 물어보니 그날 날씨는 서울이나 대전이나 별다름 없었다. 그리고 그에게 특별히 우울할 일도 없었다. 다만 '기분 나쁘게 궂은' 날씨라는 말이 떠올랐고 만난 친구에게 그 말을 했더니 친구도 그 말에 동의하는 바람에 그렇게 되었다는 것이다.

 사실 세상을 살면서 우리는 별 생각 없이 말을 내뱉고 그 말로 세상을 색칠하는 경우가 얼마나 많겠는가. 말 한 마디로 다른 사람의 삶의 방향을 제대로 찾게도 잃게도 하는 일 또한 얼마나 많겠는가. 무조건 긍정적으로 아름답게 세상을 보자는 뜻이 아니다. 나쁜 교육이나 나쁜 경제를 좋은 교육이나 좋은 경제라고 말해서 좋아지는 것도 아니고 나쁜 시나 소설을 좋은 작품이라고 추켜세워서 좋아지는 것도 아니다. 그것들은 정직한 말로 사실을 알려야 앞으로 좋은 교육 좋은 경제 좋은 문학이 만들어지는 데 도움이 될 것이고, 글의 어디 무엇이 나쁜가가 지적되어야 새로 좋은 글을 낳는 토대가 될 것이다. 그러나 겸손한 자의 좋은 점을 찾아내어 용기를 북돋아주거나 심리적으로 경계선에 있는 상황을 신명나는 쪽으로 돌리는 데 도움을 주는 말이라면 아끼지 말아야 할 것이다. 지겹게 추웠던 지난겨울이 가고 막 봄이 오는 길목에서 나부터가 새로이 되새기고 싶은 생각이다.

(2001)

죽음과의 한 만남

달포 전 동생이 세상을 떴기 때문인지 지난 7월 말 그리스 여행은, 그처럼 오랫동안 보고 싶던 그리스에 대한 기대는 역시 대단했지만, 동시에 무언가 처음부터 죽음이 자꾸 생각난 여행이었다. 하기는 그리스 여행은 삶의 현장보다는 유적지 여행이었고, 유적은 죽음과 관련이 있는 것이긴 했다. 물론 유적지들을 돌아다니며 오래 전에 살아 있던 삶의 현장을 상상할 수는 있었지만, 아테네의 아크로폴리스도 올림픽 사적지도 델피 신전 터도 다 삶보다는 삶의 화석이었다.

떠나기 전 죽음을 생각하다가 마음속으로 가려보려고 한 것은 혹시 그리스에 가다가 변을 당하는 것과 여행을 마치고 오다가 변을 당하는 것 가운데 어느 것이 나으냐였다. '마음속으로'라고 말하는 것은 같이 동행한 아내에게도 여행 전이나 도중에 죽음 같은 '방정맞은' 말을 할 수 없었기 때문이다. 어찌보면 두 죽음은 다를 게 없었다.

남길 변변한 유산이나 특별히 전할 말이 혹시 있었다 하더라도 자식들의 임종이 불가능한 것은 두 경우 다 마찬가지이다. 해외여행 때 나는 90세 노모에게 전화하는 것 이외에는 여행 자체에 몰두하지 일체 다른 연락은 취하지 않기 때문에 친구들이나 동료들에게도 나의 사망 날짜 차이는 무의미할 것이다. 그렇다면?

떠나면서는 『전도서』나 『반야심경』이 말하는 대로 다 헛되고 비었다, 즉 둘 다 마찬가지라는 생각을 했다. 주최 측과 여행사 사이의 마찰 때문에 출발이 사흘 늦은데다 다른 항공사 비행기를 타고 중간 기착지인 이스탄불 호텔에 새벽 2시에 도착하여 체크인하고 시달린 몸을 씻고 나니 한 시간여밖에 취침시간이 주어지지 않는 바람에 마찬가지라는 생각은 더 무게를 지니게 되었다. 그러나 그리스에 발 들여놓은 첫날 아테네 남쪽 수니온에 있는 포세이돈 신전에 갔을 때부터 생각이 조금씩 바뀌기 시작했다.

직접 만나보기 전에는 그리스 유적을 주위 환경 혹은 경관과의 관계없이 개별적으로 생각하기 쉽다. 예를 들어 아테네의 아크로폴리스는 사진들이 보여주듯 좀 높은 곳에 세워진 파르테논 신전을 중심으로 한 파괴되다 만 멋진 건물 몇이었던 것이다. 그러나 첫날 에게해와 지중해가 만나는 '곳' 절벽 끝에 장엄하게 세워진 바다의 신 포세이돈의 신전과 만나는 순간 여기도 신과 인간이 만나는 곳 가운데 하나라는 생각이 들었고, 그 밑의 세찬 파도를 보는 순간 그리스인들이 그처럼 강력한 바다의 신 포세이돈을 만든 마음의 상태가 이해

갔다.

 델피도 마찬가지였다. 우선 버스로 서너 식경 걸려 빙글빙글 돌며 파르나소스 산을 올라가야 하는 길이 말을 타거나 걸은 옛 참배객들을 고된 길을 가는 순례자들로 만들었을 것이다. 입구에 이르러 왼편으로 길이 급히 꺾이기 전 정면에 버티고 선 두 채의 가파르게 우뚝 솟은 바위산이 참배객들의 기를 꺾어놓아 자기가 별 게 아니고 그저 한 인간에 불과하다는 겸손한 심성을 만들어주었을 것이다. 다시 말해 신탁과 인간이 대면하게끔 하는 준비를 시켰을 것이다. 델피는 델피 신탁이 행해지는 아폴로 신전만이 델피가 아니고 오르는 길과 내려오는 길에 만나는 건물들까지 포함해서 모든 것이 델피였다. 올림포스도 그곳에 오르고 내리는 길까지 포함해서 모든 것이 올림포스였다. 뿐이랴. 오르기 전 하룻밤 묵게 마련인 조그만 도시도 델피요 올림포스였던 것이다.

 아크로폴리스도 마찬가지이다. 아테네 어디서나 드높게 장엄하게 보이는 산정에 세워진 대리석 건물들, 올라가 보면 바로 밑의 아고라 광장과 아테네 분지 모두가 두루 보이는 곳에 세워진 장엄한 파르테논 신전, 내려다보이는 한낮의 경관, 그리고 그곳에 오르내리는 가파르면서도 오밀조밀한 길 모두가 합쳐 아크로폴리스였다.

 여행이 끝날 때쯤 나는 세속적인 결과는 마찬가지겠지만 그리스 도착 전보다는 여행을 마치고 돌아가다 죽는 것이 낫겠다는 판단을 내렸다. 오기 전보다 조금 다른 사람이 된 자신을 발견했기 때문이다. 그것은 나에게만 적용되지 않을 것이다. 결과적으로는 꼭 같을지는 모르나 인간 모두에게 그런 변화의 기회를 주는 것이 주지 않는 것보다 낫다는 생각에 이르렀던 것이다. 인간에게 변할 수 있는 기회를 주는 것, 이것이 우리가 항용 휴머니즘이라고 부르는 것의 단초가 아니겠는가? (2005)

어머님의 귀

우연의 일치인지는 모르나 3년 전 아버님이 돌아가신 직후부터 어머님의 청력이 급속히 떨어졌다. 그전에도 대화할 때 이따금 손바닥을 구부려 귀에 갖다 대시곤 했으나 그때부터는 보청기 없이는 대화가 제대로 이루어지지 않았다. 하기는 금년 만 88세인 어머님에게 정신의 힘이 아닌 듣는 힘의 떨어짐은 삶의 덜 나쁜 현상일지도 모른다.

나는 얼마 전부터 처음이 있으면 끝이 있는 것이, 모든 살아 있는 것의 아름다움이라고 생각해 왔다. 한 번 피고 나서 지지 않는 꽃은 가화(假花)이고, 열매가 익으면 사람이나 동물이 따든가 아니면 떨어져야 하는 것이다. 그러나 그 생각을 하면서도 정신이나 육체의 모든 힘이 균등하게 소진되어 마지막을 맞는 삶의 모델을 꿈꾸어 왔다.

지난 7년 전 오른편 귀에 생긴 진주종 수술 후 한쪽 귀가 현저하게 나빠진 나는 어머님의 상태에서 더 충격을 받았다. 앞으로 언젠가 책을 읽어도 머리에 들어오지 않을 때가 오면 음악이나 들으며 살지, 생각하고 있었는데 그 즐거움의 확실성이 떨어진 것이다. 떠야 볼 수 있는 눈과는 달리 귀는 항상 열려 있고, 음악은 그냥 흘러가게 내버려두면 되는 것으로 생각했는데. 언젠가 왼쪽 귀도 나빠져 그 음악들이 끓는 냄비 물처럼 자지러든다면 사는 게 얼마나 삭막할 것인가? 어머님의 귀를 통해 베토벤의 고통 일부를 글로 읽기가 아니라 현실로 실감하는 계기를 갖게 된 것이다.

 그러면 보청기를 끼면 되지. 그런데 아무리 고급 보청기라도 볼륨을 높여가지고 오래 끼고 있으면 어지럼증이 온다고 한다. 어머님은 보통 때 보청기를 아예 빼고 계시는데 불편이 이만저만 아닐 것이다. 우선 전화를 받으실 수 없지 않은가? 그러나 보통 때 전화쯤 받지 않으면 어떤가. 그러면서 오래 전에 읽은 베토벤 전기가 생각났다.

 말년에 가서 베토벤은 가까운 사람들을 집에 초대해 자기가 최근 작곡한 곡들을 피아노로 연주해주곤 했다. 어느 날 그가 '아주 여리게' 부분을 연주하는 것을 듣던 사람들은 의아해 했다. 소리가 아예 들리지 않았던 것이다. 그러나 베토벤은 그 부분을 연주하며 '여리게 이어지는' 음의 아름다움에 취해 희미하지만 황홀한 미소를 짓고 있지 않는가. 그 전기의 필자는 그때 사람들의 눈에 눈물이 고였다고 쓴 것으로 기억되는데, 눈물이 고였든 가슴이 뭉클했든 그냥 일상으로 흐르던 삶이 갑자기 높이를 달리하며 의미를 가지는 장면이었음에는 틀림없다.

나는 감각의 쇠퇴 속에도 숙연한 아름다움이 있다는 말을 하려고 이 글을 쓰고 있지 않다. 감각의 쇠퇴를 뚫고 대화가 이루어지는 얘기를 하고 싶어 이 글을 쓰는 것이다. 아버님이 작고하시고 나서 같은 아파트 같은 동 같은 엘리베이터 라인에 사시는 어머님에게 매일 아침 안부 전화하거나 내려가 인사를 드리는 일은 아내의 몫이었고, 어머님의 생각을 아내의 중계를 통해 듣곤 했다. 어머님은 내가 하는 이야기를 잘 듣지 못하시는 것이었다. 직접 만나 말씀을 드려도 잘 알아들으시지 못했다. 보청기를 끼셨는데도, 큰 소리로 말을 하고 강조된 몸짓을 해도, 얼굴은 모르시겠다는 표정을 짓곤 했다. 어떤 때는 고개를 끄덕이시는데도 얼굴의 그 표정은 그대로 있었다. 못 알아들으시면서도 알아들으신 체 하시는 거겠지!

　얼마 전 아내가 연구 교수로 1년간 미국에 가고 안부 인사가 내 몫으로 떨어졌다. 매일 아침 9시 정각 어머님이 아침 텔레비전 연속극 청취를 끝낸 시간에 안부전화를 했다. 처음엔 몇 번 반복해서 말하게 하시고, 왜 애 어멈과는 달리 알아듣기 힘들게 말하느냐고 짜증을 내시기도 했다. 그러니 인사도 짧아졌다. 그러다 어느 날 놀랐다. 건성으로 전화 받으시던 어머님이 내가 하는 말을 제대로 알아들으시기 시작한 것이었다. 반응이 정확했다. 소리를 일부러 크게 내거나 또박또박 강조할 필요도 없었다. 다시 인사가 길어졌다. 인간과 인간 사이의 소통은 귀에 닿는 소리의 크기나 눈에 닿는 몸짓의 강도에만 있는 것이 아니라 자주 소통함에도 있었던 것이다.　　　　　(2003)

두 손

　역경을 딛고 자신을 만든 인간은 아름답다. 역경이 크면 클수록 더 아름답다. 몇 년 전 교양영어 시간에 학생들에게 헬렌 켈러의 글, 애초부터 시력과 청력이 없이 태어난 자신에게 단 사흘 동안만 시력과 청력이 주어진다면 무엇무엇을 하고 싶다는 글을 가르치면서 정년 가까운 나이인데도 가슴이 뭉클했던 일이 기억난다. 생각나는 대로 적자면 헬렌은 우선 자기에게 말하고 글을 읽고 쓰게 가르쳐준, 그리고 세계와 인간의 고통을 이해하고 사랑하게 해준, 선생님 앤 설리번 메이시 부인을 시각과 청각을 가지고 만나보고 싶어 했고 그동안 가까이 지낸 친구들을 보고 싶어 했다. 다음은 아마 맹인 인도견이었겠지만 촉각으로만 접촉하며 지낸 개 두 마리를 오감을 통해 만나보고, 오후에는 숲 속으로 긴 산책을 나가 자연을 만나겠다고 했다. 첫날 저녁에는 전깃불을 보고 싶다고 했다. 어쩌면!

다음날은 뉴욕 자연사 박물관에 가서 지구와 인간의 역사를 배우고, 다음은 메트로폴리탄 미술관, 저녁에는 극장이나 영화관. 그동안 친구가 손에 써주는 대사로만 알 수 있었던 셰익스피어 인물들의 행동과 대사를 직접 들을 수 있게 되다니! 그러다가 마지막 날에는 자기가 살고 있는 뉴욕시의 모습과 삶을 보고 싶다고 했다. 엠파이어스테이트 빌딩도 보고 5번가를 걷고 싶다고 했다. 다시 영원한 암흑과 침묵이 뒤덮어오기 전에 공장들도 둘러보고, 빈민굴에서 아이들이 뛰노는 것도 보고, 외국인 거리를 거닐고, 행복한 사람들은 물론 불행한 사람들의 삶과 만나겠다고 했다.

강의 준비를 하면서 혹시 내가 헬렌 켈러의 입장이라면 보고 듣고 싶은 것들이 많이 있을 텐데 대상과 순서가 어쩌면 그리 비슷한가에 놀랐다. 물론 서울에는 제대로 된 자연사 박물관 하나 없으니 둘째 날에는 빈약하지만 국립박물관과 미술관을 한꺼번에 만나볼 수밖에 없겠다. 시간이 남으면 아마 눈과 귀를 한껏 열어 놓고 인사동 거리와 종로 뒷골목을 걸을 것이다.

강의 시간에 학생들과 같이 그 글을 읽고 토론할 때 나는 학생들이 축구나 야구 선수 아니면 박세리를 비롯한 골프 선수들에 미쳐 있어 반응이 별로일 것이라고 생각했는데, 이구동성으로 헬렌 켈러에게서 진짜 인간의 힘을 발견했고 용기를 얻었다고 대답했다. 한 학생은 헬렌 켈러와 같은 인간이 산 지구에서 사는 일이 행복하다고까지 했다. 헬렌 켈러가 그런 엄청난 역경을 딛고 권력을 얻거나 거액의 돈을 벌었다고 한다면 그런 반응이 나왔겠는가? 역경에 굴하지 않고 이겨낸 의지만이 아니라 헬렌의 폭넓은 인간성과 인간에 대한 사랑이 다른 인간들에게 감명을 주는 게 아니겠는가?

테너 호세 카레라스는 혈액암의 고통을 겪고도 파바로티나 도밍고와 함께 바로 얼마 전까지 이름 떨치는 테너로 남아 있었다. 노래 자체는 내 마음에 드는 스타일이 아니었지만 때로 도밍고보다 더 낫다는 생각도 하면서 노래를 듣곤 했다. 아마 역경을 이긴 그의 의지가 판단의 저울추를 그 편으로 살짝 옮겨 놓았기도 했겠지만, 정신의 매서움이 소리에 배어 있기도 했을 것이다.

우리나라 서예가 검여도 비슷한 예이다. 뛰어난 글씨로 한창 이름 날리던 때에 그는 중풍에 걸려 오른손을 못 쓰게 되었다. 예술가로서의 절망의 순간 그는 왼손으로 붓을 잡고 힘든 단련을 시작했다. 워낙 서예에 눈이 없는 나에게 그의 왼손 글씨가 정말 좋게 보이는 것은 무식의 소치라 하자. 그러나 내가 아는 직접 서예를 하는 사람 가운데도 한창때 검여의 오른손 글씨보다 만년의 왼손 글씨가 더 낫다고 생각하는 분들이 있다.

새해를 맞아 다른 그 무엇보다 역경의 극복 이야기를 하게 된 것은 지난 12월 중순에 피아니스트 레온 플라이셔(Leon Fleisher)의 『두 손(Two Hands)』이라는 CD를 구해 들었기 때문이다. 아니 들었다라기보다는 그 연주에 빨려들었기 때문이다. 바흐의 칸타타 속의 선율들을 편곡한 곡부터 슈베르트의 마지막 피아노 소나타까지 내가 좋아하는 곡들이 들어 있기 때문이 아니었다. 한창때 근육긴장장애

(dystonia)에 걸려 35년 이상 연주를 못 한 그가 치료를 마치고 처음 녹음한 그 연주에는 35년간 고통 속에서 마음으로 벼려온 예리함과 맑음이 들어 있는 것이었다. 특히 슈베르트의 마지막 소나타는 소위 '명연주' 몇 장을 갖고 즐기고 있었지만, 그래도 어디 다른 것은 없나 하고 찾던 중이었다. 플라이셔는 다시 피아노를 칠 수만 있게 된다면! 하고 35년을 몸속에 품고 있던 열망이 이루어지는 황홀을 살리는 연주를 했다. 그렇다고 감격과 정열을 앞세운 건 아니다. 특별한 기교가 있는 것도 아니었다. 그러나 그의 두 손에서 세상 뜨기 직전 슈베르트의 슬픔은 차분하고 명징했고 기쁨은 복받치며 명징했다. 처음에는 혹시 오래 헤어졌던 왼손과의 균형이 맞지 않을까 쓸데없는 걱정도 했다. 그러나 왼손뿐만 아니라 음악을 사랑하는 많은 사람들의 귀와 기막히게 어울릴 '두 손'의 연주였다. (2005)

조그만 감격들

언제부터인가 나는 조그만 감격들이 거창한 감격 못지않게 중요하다고 생각하게 되었다. 팝 콘서트에 광분하는 수만 청중의 광란에 가까운 행동에는 거대하고 집단적인 카타르시스가 있을 것이다. 붉은 악마들의 광적인 환호에는 민족의 한(恨) 같은 것이 승화되는 눈부심이 있을 것이다. '욘사마' 열광에도 일본의 중년 여자들의 형체 없던 회한 같은 것이 형체와 의미를 동시에 획득하는 황홀 같은 것이 있으리라고 생각된다.

그러나 이들의 집단적인 큰 감격의 장면을 볼 때마다 젊었을 적 모교회에서 본 방언(放言) 장면이 그 위에 덧씌워지곤 한다. 수천 명 신도들이 눈을 감은 채 자신들도 모르고 듣는 사람들도 못 알아들을 말들을 큰 소리로 정열적으로 내뱉는 것이었다. 그 교회에선 방언을 신이 내린 은혜로 삼고 있었다. 그 미친 듯한 감격의 소리들을 한참 들다보니 두려움까지 느끼게 되었다.

　내가 말하는 조그만 감격들은 소규모적이다. 나 혼자 느낄 때도 있고 함께 자리한 서너 명이 함께 느낄 때도 있다. 20여 년 전 처음으로 복수초가 눈을 헤집고 노란 꽃 머리를 쳐드는 것을 관찰했을 때의 기쁨, 추위와 따스함을 동시에 느끼게 해준 조그만 전율. 이제는 여러 번 보아서 심상하게 되었다고 생각하지는 마시길. 지금도 눈을 막 들치고 나오는 저 초봄의 깨끗하고 노란 얼굴을 볼 때면 마음이 두근대곤 한다.

　좋은 책을 읽으며 느끼는 감격도 주로 조그만 감격들이다. 운명과의 대결을 그렸다고 하는 셰익스피어의 작품들도 자세히 보면 인간들의 조그만 감격들로 반짝인다. 조그만 감격들이 모여 '비극적인' 감격으로 가는 것이다. 거기에는 운명과의 대결이라기보다는 언어의 절묘한 사용에서 오는 기쁨들도 있다. 랭보나 예이츠의 시들도 그런 감격들로 차 있고, 윤선도의 『어부사시사』도 그런 조그만 감격들의 창고이다.

　반 고흐의 그림이 주는 즐거움도 그런 것이 많다. 내가 좋아하는 작품 가운데 하나인 그의 구두 그림, 축 늘어졌으면서도 형체와 위엄을 잃지 않은 그 낡은 구두를 그릴 때 고흐의 마음을 간지럽혔을 즐거운 감정들이 되살아나곤 한다. 비록 새로 구한 것도 전의 것처럼 보급형이지만, 17년 된 오디오 시스템을 새것으로 바꾸어놓고 폴리니가 연주하는 베토벤의 후기 피아노 작품을 듣다가 전에는 놓쳤던 절묘한 트릴들을 발견하고 조그만 감격에 휩싸이곤 했다. 언뜻 거창하지만 건조해 보이는 바흐의 작품들도 조그만 감격과 전율로 차 있다.

　큰 감격은 총체적이고 다이내믹하고 거기에는 니체의 말대로 디오니소스적인 환희가 있을 수 있다. 공동체의 융합을 이루는 거대한 힘이 작용하기도 한다. 그러나 한때 히틀러의 연설에 대한 독일 국민들의 광적인 반응처럼 광기와 결합되기도 하는 것이다. 사도 바울이 당시 방언으로 유명했던 고린도 교회에 보낸 서한에는 방언이 비록 은혜의 한 증거일지는 모르나 더 가치가 있는 것이 있다고 타이르고 있다. 예언이라고도 번역되지만 이성적인 언어가 더 가치가 있다는 타이름이다. 이성적이고 논리적으로 하는 진실의 발언은 집단적이고 광적인 기쁨은 부족할지 몰라도 인간을 인간답게 하는 기쁨을 준다. '인간적인' 삶은 결국 조그만 감격들의 집합이 아닐까.　　　(2007)

가을에

 25년 전쯤 잘 아는 교수 하나가 이런 사설도 다 있다고 스크랩한 신문 쪽지를 보여준 일이 있다. 《뉴욕타임스》였고 사설 제목은 「봄이 온다」였다. 정치 경제 사회 문화 문제들을 다 제치고 풀, 나무, 꽃, 나비, 벌 들의 이야기가 단독으로 사설의 자리를 차지하고 있었던 것이다. 당시만 해도 유신 시절이라 쓰고 싶은 대로 쓰지 못해 미안타는 표정만 여기저기 보일 듯 안 보일 듯 심어 있는 '정치' 사설들에 익숙해 있던 눈에 그게 얼마나 신선하던지!

 봄꽃도 아름답고 여름 신록도 마음을 끌지만 단풍도 그에 못지않은 황홀을 준다. 이즘처럼 가을이 점점 더 짧아진다고, 여름이 끝나기 바쁘게 겨울이 온다고 생각하게 되는 때는 더욱 그렇다. 잎이 지는 나무들은 지난 긴 한 해 동안 자신에게 주어진 일을 다 했으니 빈

나무가 되어도 좋다는 자세요 표정이다. 그런 자세와 표정은 사람에게도 아름다움을 전해주기에 족하다. 은행나무들이 노랗게 물든 잎을 입고 서 있는 것을 보노라면 왜 사람들이 황금을 좋아하는가를 역으로 깨닫게 만들기도 한다. 나는 게으른 식물을 본 적이 없다. 주어진 최악의 조건 속에서도 식물은 자기 할 일을 다 한다. 동물 같으면 단념하고 말았을 일도 해낸다. 아스팔트 틈새를 뚫어 잎을 내밀고 꽃을 피우기도 하고 바위 위에 잠시 모인 흙을 다져서 뿌리내리기도 한다. 그런 식물들이 한 해 마지막 향연을 베푸는 것이 가을이다.

물론 소나무처럼 사철 푸른 나무들도 있다. 그러나 자세히 보면 그들도 나름대로 가을에 잎갈이하고 있는 것을 볼 수 있다. 솔잎은 2년살이라 그 해 봄에 태어난 잎은 그대로 있지만 1년 반 전 봄에 태어난 잎들은 가을에 땅에 솔솔 내려 솔가리가 된다. 솔가리는 불쏘시개로도 좋지만 그냥 태워도 불빛이 맑고 화력도 좋다. 캠프 파이어와는 달리 낙엽들이 만드는 모닥불의 모습과 향기는 자연스럽게 사색으로 연결되곤 했다. 그런 사색이 인간의 내부에 깊이를 주었을 것이고 전과 다른 삶을 살아야겠다는 성찰도 주었을 것이다. 잎갈이 나무와 사철 푸른 나무가 가을에 옆에 같이 서 있어야 변하는 삶과 변하지 않는 삶이 같이 존재하는 문화의 기틀이 태어나지 않았겠는가. 일 년 내내 여름인 곳이나 사철 겨울인 곳에서 지난 일에 대한 반성과 앞날을 향한 변화의 의지가 어떻게 자연스럽게 가시적으로 태어나 유지될 수 있겠는가. 자연스레, 가을이 없으면 인간의 문명도 없었으리라는 생각을 하게 된다.

우리나라 사람들처럼 가을을 좋아하는 민족은 지구를 통틀어 없다고 한다. 추석 명절을 우리처럼 기리는 민족도 없다. 그 누구의 것보다도 맑은 가을 하늘을 가졌기 때문이라서 그런가. 보다는 오랜 세월 동안 인구에 비해 경작지가 협소해 적어도 가을에는 굶지 않아서 그렇다고 성공회 성직자로 우리 시조를 여러 편 훌륭하게 영어로 번역한 러트 신부가 40년 전에 쓴 글이 기억난다. 이제는 그런 원초적인 배고픔에서는 해방되었으니 가을이 가지고 있는 아름다움과 메시지를 먹거리를 떠나 한껏 즐기고 받아들일 수 있으리라.

은행나무와 단풍나무가 아니더라도 단풍은 아름답다. 해남 땅끝 전망대로 가다 만나는 옻나무 단풍은 빨간색보다도 더 빨갛고, 금년 내가 퇴임하기 전 직장의 작년 벚나무 단풍은 한없이 고왔다. 느티나무 단풍은 아름다움과 함께 적막이 무엇인가를 가르쳐준다. 그리고 이들이 낙엽이 되어 떨어지는 길은, 좁은 길이든 넓은 길이든, 곧은 길이든 굽은 길이든, 그 어느 계절보다도 군살을 뺀 길 자체의 모습을 보여준다. 길섶을 살펴보라. 키 큰 코스모스부터 키 작은 쑥부쟁이까지 국화과 꽃들이 여기저기 자리 잡고 피어 있을 것이다. 그 사이사이에는 이름 모를 가을꽃들이 피어 있을 것이다. 이름은 없지만 자세히 보면 볼수록 깨끗하고 예쁘고, 국화보다도 더 아기자기하고 눈이 더 간다. 바로 그 꽃 하나에 가을 나비치고는 화려한 공작나비 하나가 방금 내려앉아 꿀을 빨고 있다. 이름보다는 그저 열심히 자신의 삶을 사는 꽃이다. 다시 보아도 역시 깨끗하다. 과연 나는 그동안

하는 일에 열중했지 이름이나 그런 일에 연연하지 않았다고 자신 있게 말할 수 있을까? (2003)

'비극'이 지워지는 시대

6년 전 버클리대학에 방문 교수로 가 있을 때 일본 영화 『샬 위 댄스?』가 상찬을 받으며 상연된 일이 있었다. 어느 날 몇이 모여 저녁을 같이 먹는 자리에서 그 영화 얘기를 하다가 내가 그 영화는 희극의 전형이라고 하자, 옆 사람이 무엇이 희극이냐고 물었다. 나는 얼떨결에 인간의 선의(善意)가 받아들여지는 것이 희극이고 받아들여지지 않는 것이 비극이라고 대답했다. 그 대답이 일견 그럴듯했는지 좌중의 한 사람이 농 삼아 옳소 하고 그냥 넘어갔다. 그러나 단순명료한 것이 으레 그렇듯이 인간의 선의가 과연 무엇이냐는 의문으로 남는다.

어느 시대나 희극은 있다. 그러나 비극이라 부르는 문학이 주어진 시대나 지역은 흔치 않다. 헤겔은 소포클레스의 『안티고네』를 비극의 원형으로 삼았다. 아버지를 죽이고 어머니와 결혼한 인간 때문에 테베 시가 역병에 시달린다는 신탁을 받은 테베 왕 외디푸스는 끈질기게 그자를 색출하다가 결국 자기가 바로 그자임을 알게 되어 자신의 두 눈을 파 멀게 하고 이 도시 저 도시를 방랑한다. 그 사이 그의 아들들은 새로 테베의 왕이 된 크레온을 따르는 편과 반대하는 편으로 갈라져 싸우다 모두 죽는다. 크레온은 자기편을 든 외디푸스의 아들들 시체는 성대하게 장례를 치르게 하고 대항한 아들들의 시체는 들에 버리고 이들을 묻거나 장례를 치루는 자는 극형에 처한다고 포고한다. 그 당시의 신앙은 시체를 매장하지 않으면 죽은 자의 혼이 제대로 저세상에 가지 못하고 이 세상을 한없이 정처없이 헤맨다는 것이었고 따라서 죽은 자의 친족에게는 죽은 자를 매장해줘야 하는 의무가 있었다. 이들의 누이 안티고네는 의무 쪽을 택해 왕의 명령을 거부하고 오빠들의 시체를 매장하고 죽음을 맞는다. 안티고네의 '선의'가 받아들여지지 않았던 것이다. 헤겔은 한 인간에게 두 가지 절대 명령이 주어졌을 때 더 중요한 하나를 택하고 자신을 포기하는 것이 비극이라고 정의를 내렸다.

헤겔은 '비극적인' 교통사고라든가 일가족 집단자살을 염두에 두지 않았다. 물론 그것들은 슬픔을 준다. 그러나 그런 슬픔은 비극들처럼 인간의 정신을 정화시키거나 고양시켜주지는 않는다. 셰익스피어의 『맥베스』는 관중의 눈물이 없어도 비극이다. 주어진 운명과 싸우다 파멸하는 인간의 모습은 계속 신선한 공포와 카타르시스를 준다. 입센의 몇몇 비극들은 슬픔에 잠길 여유도 주지 않고 과연 인간이 무엇이냐는 의문과 공포로 청중을 밀어붙인다.

우리는 비극이 지워지는 시대에 살고 있다. 비극이란 무엇인가라는 물음에 헤겔을 인용하거나 인간의 선의가 받아들여지지 않는 상황이라는 대답 이외에 더 나가기 힘들지만, 비극이 서식할 수 있는 토양은 알려져 있다. 인간 자체와 인간이 이룩하는 것 가운데 어느 것이 더 무게를 가지느냐라는 질문에, 인간이 이룩하는 것이 인간 자체보다 더 무게를 가진다는 믿음이다. 저 많은 순교자들, 외로운 개척자들, 조직의 비리를 참지 못하고 싸우다 잘리거나 죽는 사람들까지 그 믿음의 예는 수없이 많다. 그러나 이제 생물학적으로 인간도 동물이기 때문에 더 큰 것을 위해 몸을 바치겠다는 의지와 동물인 인간에게 주어진 삶을 즐겁게 살겠다는 의식 사이에서 후자를 택하는 것이 더 솔직하지 않느냐고 떳떳이 의견을 내세울 수 있는 세상이 된 것이다.

새로운 창작 발명 개척을 위해 기꺼이 가정이나 수명을 소홀히 하는 사람들도 줄어들고 있다. 비극의 원형이라고 일컫는 호머의 『일리아드』의 주인공 아킬레스에게 보통 사람으로 오래 잘사는 것과 영광스럽게 짧게 사는 것 가운데 어느 것을 택하겠느냐고 신이 물었을 때 그는 주저없이 후자를 택했다. 요새 젊은이들에게 묻는다면 후자를 택할 사람이 꽤 있으리라고 장담할 수 있을까? 결국 '인간의 선의'란 것도 인간 안에 개인보다 더 크고 높은 것이 있다는 믿음의 변형이 아닐까. (2003)

외로움과 '홀로움'

　대가족제도가 붕괴되고 핵가족제도가 자리 잡으면서, 공동체 의식보다 개인주의가 휩쓸면서, 외로움은 현대인의 지옥이 되었다. 지난날 문학작품에서 외롭고 어쩌고 하면 아직 설익었군! 하곤 했지만, 오늘날 시나 소설엔 그 낱말 자체는 별로 보이지 않지만 외로움 속에서 몸부림치는 인간들이 계속 반복해서 나타나고 있는 것을 쉽게 볼 수 있다. 외로움은 앞뒤가 쏙 막힌 상태이다. 사람마다 느낌이 다르겠지만, 나에게는 폐쇄공포증 비슷하게 오곤 했다. 심할 땐 무언가를 찾으러 장롱 밑에 머리를 들이밀었다가 빠져나올 수 없는 상태 같은 것으로. 그것과 나는 6년 전에 한 번 정면으로 만났다.
　6년 전 나는 방문교수로 버클리대학에 가 있었다. 시에서 남쪽으로 조금 떨어진 곳 에머리빌, 샌프란시스코만에 면해 서 있는 고층 아파트 23층에 세든 나는 생애 처음으로 황홀한 바다를 정면으로 내러다보며 살게 되었다. 연구 기간은 반년이었고, 그나마 마지막 한 달은 여행으로 쓰려고 마음먹었기 때문에 아파트에서 전철 정거장을 오가는 무료 셔틀버스도 있고 해서 10년 앞서 1년을 보낸 뉴욕에서처럼 차를 갖지 않고 살기로 작정을 했다. 필요하다면 렌트카를 하면 되지, 하고 시험을 봐 운전면허증까지 땄는데도 차는 사지 않기로 했다. 그 결정이 아파트를 내다보는 경치가 일품인 구치소로 만들 줄이야. 미국에서는 뉴욕 같은 대도시를 빼고 자동차가 필수품인 것이다.

처음 몇 주일은 먼저 와 있는 직장 동료가 운전해주어 전화국에도 가고 소형 전축과 노트북도 사고, 다음해에 나올 시전집 퇴고도 하며, 대학 동양학 연구소에서 발표할 영어강연 원고도 쓰고, 틈틈이 샌프란시스코만을 내려다보며 정신없이 살았다. 그러다 금시 알게 된 것이 셔틀버스가 5시에 끝난다는 사실이었고 그 지역엔 택시가 거의 전무하다는 사실이었다. 콜택시를 몇 번 불러봤지만 숫제 전화도 받지 않았다. 밖에 나갔다가는 오후에 서둘러 돌아와야 했고, 제때 돌아올 수 없을 경우에는 아예 외출을 삼갔다. 혼자 외국 생활을 해본 사람은 잘 알겠지만 오후부터 저녁이 외로움이 가장 가슴 저미는 시간이다.

어느 날 오후 아파트에 혼자 있다는 생각에 절어 있는 나에게 불현듯 폐쇄공포증 같은 것이 찾아왔다. 앞과 뒤가 꽉 막힌 시간 속에 갇혔다고 할까. 책을 꺼내도 읽히지 않고 노트북을 열어도 글이 써지지 않았다. 음악을 틀어 놓아도 그냥 슬프게만 들리고 창밖의 아름다운 바다 풍경도 눈에 들어오지 않았다. 아는 몇 집에 전화를 걸어도 아무도 받지 않고, 멀리 오하이오에 살던 친구에게까지 전화했으나 자동응답기에서 하고 싶은 말이 있으면 녹음하라는 소리만 들렸다. 밀린 편지가 생각나 그럼 편지나 써 부치자 하고 억지로 긴 편지를 썼지만, 봉투에 넣고 보니 우표가 보이지 않았다. 그래서 그날 아파트에서는 편지를 부칠 수 없게 되었고 다음날 셔틀버스와 전철을 타고 버클리 시내 우체국에 가서 줄을 서 우표를 사야 했다. 침실 하나 거실 하나인 아파트를 세 차례나 뒤져도 우표는 보이지 않았다.

  황당한 마음으로 저녁도 거르고 날이 저물어 샌프란시스코만이 건너편의 불빛만 남기고 사라지고 창밖에 바싹 붙어 있는 80번 도로에 자동차의 희고 붉은 빛이 줄을 이을 때까지 꼼짝 않고 의자에 앉아 있었다. 시간이 얼마나 흘렀을까, 전화벨이 울렸다. 그때 쓴 시를 인용해보자.

> 전화 벨이 울린다.
> 잘못 걸려온 전화.
> 수화기 속 사내의 사과 말
> 지금까지 들은 그 누구의 사과보다도 부드럽고 달다.
> 가만!
> 여권 속에 안전하게 끼워 둔 우표를 찾아낸다.
> 외로움이 홀연 홀로움으로······
>
> ―「버클리 시편 4」, 마지막 7행

초강도의 외로움이 순간적으로 환한 홀로움으로 바뀌는 체험, 그 후 나는 외로움은 피할 게 아니라 제대로 만나면 막힌 시간의 앞뒤를 탁 터주는 체험의 원천으로 삼으며 살았다. 지금까지 대체로 성공했다. 홀로움!   (2003)

추억을 찾아서

　추억의 소리는 대체로 아름답다. 45년 전쯤 여름, 청년 학생이었던 나는 남해안을 돌아다니고 있었다. 어느 날 마산에선가 진주행 버스에 올랐다. 당시는 버스마다 소녀 차장이 있어 요금을 받고 손님이 다 타면 문을 닫고 오라잇 해서 버스를 출발시키곤 했다. '어디 가십니껴?' 하길래 나는 진주까지 갑니다, 했다. 그때 차장은 '진주예?' 했다. 사투리 억양인 그 말이 얼마나 예쁘던지 지금까지 마음속에 간직하고 있다.

　추억이란 우리가 과거에 겪은 일 가운데 무의식적으로 가려 뽑아 간직하고 있는 것이다. 괴로운 추억도 물론 있겠지만, 그 괴로움은 대개 후에 극복된 괴로움이다. 내 세대 사람들이 너나없이 지니고 있는 피난살이의 '아름다운' 추억은 피난살이를 오래 전에 벗어났기 때문에 아름다운 추억이 된 것이다.

내가 고등학교 때 즐겨 들은 바이올리니스트 가운데는 물론 지금도 쉽게 들을 수 있는 하이페츠 메뉴힌 들이 있다. 그런데 고2 초에 나와 내 동급생을 황홀하게 한 바이올리니스트가 하나 있다. 아마 그 당시 몇 달 동안은 그 누구와도, 설사 바이올린 연주의 귀신이었다는 파가니니가 살아나온다 하더라도, 바꾸지 않았을 연주가이다. 이름은 미샤 엘만, 물론 그의 연주회장에 가본 것은 아니고 LP 레코드를 통해 알게 되었지만, 그는 참으로 비단처럼 감미롭고 독특한 '엘만 음색'으로 마치 나 하나만을 위해 연주하듯이 그윽하게 활을 그어대곤 했다. 그 판에는 멘델스존의 협주곡과 랄로의 스페인 교향곡밖에 없었지만, 멘델스존의 2악장 연주는 문자 그대로 '죽여주었다.' 그 후 그는 추억 속의 존재가 되었다. 얼마 전 시인 이상이 동경에 갈 무렵 엘만을 슬라브적인 힘과 기개를 가진 연주가라고 찬양했다는 글을 읽고 얼떨떨한 느낌을 받은 적이 있다. 엘만에게서 힘을 느끼다니! 하긴 그가 들은 것이 LP도 나오기 전 녹음이었으니 연주에 대해서는 너도 잘 모르고 나도 잘 모를 때이긴 했다.

얼마 전 〈신나라 레코드〉에 들른 나는 바이올리니스트 전시대에서 '미샤 엘만'이라고 쓴 안내 표지를 발견했다. 추억이 되살아나 표지판 앞뒤를 살펴보니 그의 CD는 하나도 없었다. 어떻게 된 거냐고 묻자 점원은 다 팔린 모양이라고 하고 컴퓨터로 조회하고는 해외 공급처에도 재고가 없다고 했다. 먼저 고른 판 몇을 들고 카운터로 가자 점원은 잠깐 기다리라고 하고는 두어 군데 전화를 했다. 그리고는 〈신나라 강남2점〉에 엘만 판 하나가 있다고 알려주었다. 그 판을 잡아두라고 부탁하고 상점을 나왔다. 한참 걷기도 하고 지하철을 타기도 하며 찾아갔더니 그곳 점원이 기다리고 있었다는 듯이 판을 내밀었다. 케이스 하나에 판 두 개가 들어 있는 CD치고는 값도 비쌌으나 기꺼이 돈을 지불하고 바삐 집으로 돌아와 우선 두 장 가운데 멘델스존 협주곡이 있는 판을 전축에 걸었다.

　그게 아니었다. 잡음이 너무 컸고, 관현악은 한 덩어리로 뭉쳐 있었다. 음원 자체가 고등학생 때 들은 LP보다 훨씬 열악한 것 같았다. '엘만 음색'은커녕 지친 소리를 냈다. 다시 만나지 말았어야 하는 걸 하는 생각도 들었다. 그러다 언젠가 고음이 너무 강조된 모차르트의 바이올린 소나타를 고음이 약한 연구실 포터블에 걸었더니 들을 만했다는 생각이 떠올랐다. 다음날 그 낡은 포터블은 잡음들을 좀 가리고 불확실한 저음을 줄여서 그나마 '들을 만한' 엘만으로 만들어주었다. 내 추억의 엘만 판은 1950년대 중반 보통 전축에 맞게 녹음된 것으로 요즘처럼 전축이 예민해진 시대에 맞지 않는 판일 수도 있다는 생각도 했다.

　그러나 '들을 만한' 엘만도 추억 속의 엘만을 만들어주지는 못했다. 잡음은 조금 사라졌더라도 저음과 고음이 제대로 녹음되어 있지 않은 판이었던 것이다. 게다가 연주도 청소년 때가 아닌 지금 듣기에는 지나치게 감상적이었다.

　추억의 소리나 장소를 되찾아가 보는 것은 정겨운 일이다. 그러나 부안의 채석강에 반했다가 10여 년 후 다시 찾았을 때 그 왜소함에 얼마나 실망했는지. 그동안 기억 속에서 그 크기가 조금씩 자라고 있었던 것이다. 지금 만일 만원 시외버스에서 다시 '진주예?'라는 소녀의 소리를 듣는다면 아름다움보다는 애처로운 마음이 앞설지도 모른다. 그러나 나는 엘만 판을 산 것은 결국 잘못된 일이 아니라고 생각한다. 추억을 미화하지 않고 있는 그대로 듣거나 볼 수 있는 기회를 주는 것은 세상을 자기 식으로 이상화시키지 않고 있는 그대로 볼 수 있는 용기를 만들어줄 수 있기 때문이다. (2004)

크리스마스가 주는 생각

다시 크리스마스가 온다. 거리에는 캐럴이 울리고 구세군의 종소리가 짤랑대고 있을 것이다. 그동안 기독교인의 비율은 더 높아졌겠지만 그러나 이즘의 크리스마스는 내 2, 30대의 크리스마스보다 열기가 덜하다고 느껴진다. 개인주의가 더 승해졌기 때문이기도 하지만, 보다는 그때 크리스마스이브가 거의 유일하게 통행금지가 없는 밤이었기 때문일 것이다.

당시는 축제다운 축제도 없었다. '석가탄신일'은 아직 공휴일도 아니었고 지금은 지방마다 한두 개씩 가지고 있는 잔치나 축제도 별로 없을 때였다. 그러니 설사 기독교인이 아니어도 크리스마스 때가 되면 공연히 들떠지고 크리스마스이브에는 무작정 명동 거리를 걸어 성당 앞까지 가서 되올라오곤 했다. 직접 가지 못할 때는 비록 흑백 텔레비전으로지만 명동 거리의 생방송을 지켜보았던 것이다.

어디 명동뿐이랴. 그 당시는 아파트가 많지 않았기 때문에 골목길이 삶의 주된 동선(動線)이었고, 골목마다 전파상은 아니지만 전기기구 상점이 하나씩은 있기 마련이었는데, 문 밖으로 내논 스피커마다 캐럴이 계속 우렁차게 흘러나왔다. 지금은 시끄럽다고 못 하게 하겠지만 그때는 대부분 사람들이 그 소리에는 관대했다. 아마 당시 그처럼 떠들썩한 크리스마스는 우리나라밖에 없었을 것이다.

1966년 에딘버러대학으로 공부 갔을 때 예상과 달리 우리나라보다 참 차분한 크리스마스를 보고 놀란 일이 있다. 24일 저녁에는 주로 가족끼리 모여 즐기는지 거리에 문을 연 상점이 별로 없었다. 다행히 하숙집 가족들이 나를 가족처럼 대해주어 외롭지 않게 그날을 보낼 수 있었다. 그러나 더욱 놀란 것은 1970년 '국제 창작 프로그램' 멤버로 아이오와대학에 갔을 때였다. 크리스마스 때라 일반 표가 매진되어 비록 거리가 짧아 거금을 내지는 않았지만 분에 겨운 비행기 일등석을 타고 당시 오하이오 데이튼에서 의사로 일하고 있던 친구 마종기를 찾아갔다. 24일, 저녁을 간단히 먹은 우리는 차를 타고 술집을 찾아 거리에 나섰다. 데이튼도 이름이 알려질 만큼 큰 도시였는데 술집은커녕 문을 연 상점 하나 없는 것이었다. 어떤 곳은 한 블록이 온통 깜깜했다. 이리저리 차를 몰다가 우리는 결국 집에 돌아와 남은 맥주를 마실 수밖에 없었다.

우리나라에서도 크리스마스가 '특별히 허용된 축제'에서 벗어나자 이제는 좀 심드렁한 기독교도의 축제가 되었다. 게다가 기독교마저 3, 40년 전의 정열을 잃고 있다. 어디 기독교뿐이랴. 오늘날은 이슬람과 티베트 불교를 뺀 거의 모든 종교가 세속화되고 편안해졌다. 바람직한 일일지도 모른다. 너무 열성적인 종교는 인간의 삶을 압박하기 때문이다.

그러나 종교가 주는 것도 많다. 종교가 없어지면 우선 현행법에 걸리지만 않으면 인간이 무슨 짓을 저질러도 괜찮다는 저 허무의 물결을 조절할 장치가 헐거워진다. 그리고 인간 정신은 의식(儀式)을 필요로 하는데 '고등' 종교가 없어지면 조잡한 의사종교 의식들이 판치게 될 것이다. 그래서 100년 전 토마스 하디는 크리스마스이브 12시에 마구간의 소들이 무릎을 꿇는다는 기독교 전설을 믿지 않게 된 자신을 발견하고, 누군가 크리스마스이브에

> 우리 어렸을 때 알고 있던
> 저 골짜기 외로운 농가에서
> 소들이 무릎을 꿇고 있는지 보러 가자고 하면
> 어둠 속에 그와 함께 가리라
> 소들이 그럴 거라는 바람을 가지고.

라고 노래했던 것이다. 여기서 '어둠'은 단순히 밤의 어둠뿐이 아니고 종교를 잃게 된 정신의 어둠이기도 하리라.

인류의 문명은 종교와 긴밀한 관계 속에서 꽃펴왔다. 앞으로 종교가 실질적으로 힘을 잃는다면 어떻게 될 것인가? 호모 사피엔스가 종교가 없이도 과연 '종교적으로', 종교적인 겸손과 위엄을 갖춘 인간

으로 살 수 있을까? 이 질문에 대한 대답이 결국 인류 장래의 향방을 지어줄지도 모른다고, 또 한 번 크리스마스를 맞으며 생각하게 되는 것이다. (2003)

사해동포(四海同胞)

사해동포라는 말이 있다. 세상 사람들이 모두 한 식구라는 말이다. 유년 때 태평양전쟁을 겪고 소년 때 6·25전쟁을 겪으면서 다른 민족끼리는 물론 같은 민족끼리도 서로 적이 되어 서로 파괴하고 죽이는 것을 감성이 아직 어릴 때 직접 겪은 나는 위의 말을 이상주의자들의 백일몽쯤으로 생각하며 살았다. 그러다가 차츰 인간들이 서로 다른 점보다는 닮은 점이 많다는 사실을 깨닫게 되었다.

우선 내가 좋아해서 결국 삶의 업으로 삼은 문학이 단초가 되었다. 미술이나 음악과는 달리 문학은 문화와 언어가 다르면 번역이 되더라도 제대로 향유하기 힘든 것으로 되어 있다. 그러나 나는 알기 힘든 언어로 씌어진 향가를 사랑했고, 두시언해를 통해 두보를 흠모했으며, 셰익스피어를 탐독했고, 도스토예프스키에서 감동을 받았다. 차례대로가 아니라 십대 후반에서 이십대 초반 사이에 거의 동시에 일어난 일이다. 인종과 시기에 관계없이 인간이 서로 비슷하다는 전제가 없으면 동서고금을 망라한 문학을 동시에 사랑할 수는 없을 게 아니겠는가.

그때 레비-스트로스가 나타났다. 그는 인류의 모든 신화가 문화의 차이에 관계없이, 문명과 야만에 관계없이, 구조적으로 같다고 주장했고 그것이 설득력을 가지게 되었다. 서구의 신화나 브라질 원주민의 신화나 얼개가 같다는 것이었다. 얼마 후에는 촘스키가 나타나 세계의 모든 언어는 심층구조가 같다는 것을 증명해 보여주었다. 영어나 아프리카의 스와힐리어의 근본 얼개는 같다는 것이었다.

이들과 함께 심층심리학 쪽에서도 비슷한 주장이 나왔다. 병아리는 태어나자마자 솔개 그림자만 보면 어미 닭 날개 밑으로 숨는다. 솔개 형태로 만든 마분지의 그림자를 띄워도 마찬가지이다. 그러나 오리나 꿩의 형태 그림자에는 놀라지 않는다. 그런데 오리 새끼는 병아리처럼 행동하지 않는다. 공통적인 행동 패턴이 닭의 유전인자 속에만 각인되어 있는 것이다. 사람의 예를 하나만 들어보자. 프랑스인의 아기건 아프리카인의 아기건 남양군도인의 아기건 석 달부터 여섯 달 사이엔 앞에 있는 얼굴이 누구의 얼굴인지는 구별하지 못하지만 사람 얼굴임은 알아본다. 그런데 이마와 두 눈 그리고 코를 보고 사람의 얼굴인 것을 알지 약속이나 한 듯 입은 고려하지 않는다는 것이다.

그러다가 사해동포의 결정적인 근거가 최근에 분자생물학에서 나왔다. 인간의 세포질에 들어 있는 미토콘드리아의 생성 연대를 추적

한 결과 그 어느 것도 16~7만 년을 넘지 못한다는 것을 알아냈다. 다시 말해서 북경원인이나 네안데르탈인 등 과거에 우리가 인류의 선조라고 생각했던 종들은 두 번에 걸친 빙하기 중에 완전히 사라지고, 16~7만 년 전 아프리카에서 처음 나타난 현생인류가 유럽인도 되고 아시아인도 되고 호주 원주민도 되었다는 것이다. 그 발견된 최초의 인류는 여자로 판명되었고 루시라는 이름도 받았다. 그네의 후예 일부가 아프리카를 떠나 중동 지방으로 간 것이 6, 7만 년 전 쯤, 그들이 그 후 2만 년쯤 지나 아시아와 유럽으로 갈라져 갔다고 하면, 유럽인과 아시아인 사이의 촌수가 아무리 멀다 해도 5천촌이 넘지 않을 것이다. 지구의 생물학적 연대에 비교할 때 그것은 4촌 차이도 안 된다. 『이기적인 유전자』의 저자 도킨스의 말대로 '몇 대만' 소급해보면 인류는 조상이 같은 것이다. 지금 세상에 살고 있는 현생인류의 나이는 지구상의 생명의 나이는 말할 것도 없고 6~7백만 년 전으로 추정되는 직립원인의 나이와 비교해도 무척 짧다. 한 식구라 해도 별로 틀리지 않으리라. 피카소를 비롯한 입체파 화가들이 20세기 초 아프리카 사하라 근처의 원시 미술에서 한 수 배운 것은 당숙들에게서 배운 것이나 다름없다고 할 수 있다.

 이즈음처럼 속내용을 보면 서로 끼리끼리만 한통속임을 지향하는 민족주의와 세계주의가 서로 얽혀서 혼란을 일으키는 세상에서, 외국인 기술자들을 천대하는 우리나라에서, 인간이 사해동포라는 사실은 아무리 강조해도 지나침이 없을 것이다. 동남아 사람들과는 많아봐야 천 촌 사이도 안 되리라. 신화를 보거나 언어를 보거나 아기가 사람을 알아보는 양태를 보거나 분자생물학을 보거나 인류 모두가 한통속이라는 명제는 앞으로 사람들이 같이 사는 길을 모색할 때 전제가 될 수밖에 없을 것이다. (2003)

창녕에서 만난 것

바로 한겨울이다. 과거를 살펴보면 내 경우엔 그 어느 계절보다도 겨울에 생각이 깊어졌던 것 같다. 작품도 겨울에 현저하게 많이 썼다. 사람에 따라서는 가을이 독서와 사색의 계절이라고 하지만, 가을은 하늘이 너무 맑고 땅은 땅대로 너무 현란하고 풍성스럽다. 겨울은 몇 달 동안 거의 흑백으로 칠해지는 계절, 내린 눈은 때로 마음의 바닥까지 보게 해준다.

세상이 많이 바뀌었다. 늦은 봄 아니면 초여름 꽃 장미가 지난 12월 초에 아파트 단지 한구석에 피어 있었다. 지구 온난화 때문인지 공해 때문인지 종의 개량 때문인지는 알 수 없으나 하도 충격적인 일이 많이 일어나는 세상이라 아 이런 일도 있구나, 하는 정도로 지나쳤다. 하기는 내 연구실이 있던 건물 입구에 전에는 서울 옥외에서 도저히 볼 수 없었던 오죽(烏竹)이 천연스럽게 자라고 있기도 했다.

이런 생각을 하게 되는 것도 지금 기온이 영하 7도인 겨울이기 때문이다. 바뀌는 현장에선 생각을 못 하고 지나치기 십상인 것이다.

이렇게 모든 것이 변하고 바뀌는 속에서 바뀌지 않은 것을 생각하게 하는 것도 겨울이다. 바뀌지 않는 것에는 세월의 섬세한 앙금이 묻어 있다. 그런 것을 만나는 마음은 황홀하고 착잡하다. 아직 이런 아름다움이 남아 있구나 하는 데서 오는 황홀함이요, 아 얼마 안 가 이런 일도 사라지겠구나 하는 데서 오는 착잡함이다.

지난 늦가을 나는 창녕고등학교에서 문학 강연 초청을 받았다. 대학생을 상대로 하는 문학 강연은 해보았지만 고등학생에게 하는 본격적인 문학 강연은 처음이라 호기심도 있었고, 또 창녕은 3, 4년 전 우포늪 탐사 갔을 때 언젠가 한번 더 오리라 마음먹은 곳이기 때문에 좀 바쁜 때였으나 허락을 하고 교통편을 알아보니 서울에서는 그야말로 오지였다. 학생들의 정신이 가장 맑은 아침 9시에 강연을 하자는데 그곳은 기차역이 없고 고속버스는 9시 45분에야 첫차가 있었다. 그 차를 타면 강연 전날 미리 간다 해도 오후 3시쯤에 닿게 되는데 짧은 늦가을 해에 보고 싶은 것을 제대로 보는 일은 불가능해진다. 그래서 아예 아침 일찍 차를 몰고 가서 창녕을 두루 살펴보고 다음날 아침 강연을 하고 사천에 내려가 이번에 새로 만들었다는 각기 모양새가 다르고 아름답다는 삼천포-창선도 다리들도 둘러보고 돌아오기로 했다.

아침 7시에 출발해서 11시 30분 조금 지나 도착하자 카운터파트였던 국어과 K선생이 역사과 L선생과 톨게이트까지 마중나왔다. K선생의 차를 이용하기로 하고 우선 내 차를 세워두려고 창녕고등학교로 갔다. 공원이라기보다는 정원처럼 꾸민 학교였다. 교장 선생은 겸손하면서도 엄격해 보였고, 학생 200명에 만 3천 평 대지를 가진, 그 적은 학생에게 맡기기엔 '아까운' 학교였다. 나도 과거에 이런 학교에 한번 다녀보았더라면 하는 생각이 절로 들었다. 대도시를 벗어나면 아직 어딘가 이런 곳이 있다는 사실은 얼마나 위안을 주는가.

점심을 먹은 우리 셋은 우선 각각 국보와 보물인 술정리 동탑 서탑을 살펴보고, 하씨 전통가옥을 방문했다. 동탑은 L선생 말대로 엄격한 선(線)이 신성(神性)을 느끼게 했고, 수수한 서탑은 정감을 유감없이 넘겨주었다. 하씨 전통가옥은 조그만 동산 같은 뒤뜰이 특히 눈을 끌었다. 그 다음 우리는 관룡사와 화왕산을 구경했다. 관룡사 약사전의 기묘한 아름다움과 철이 지났지만 화왕산 정상의 넓은 갈대밭은 인상적이었다.

이번 창녕 여행의 압권은 그러나 허공에 나앉은 바위에 세워온 용선대 석불이었다. 지난 태풍 매미에 무너져 통행 금지된 절벽 길을 우리는 암벽을 타듯 두 손을 짚으며 간신히 건넜고 건너가서는 나무뿌리에 채이기도 했다. 고생 끝에 만난 허공 속에 의젓이 앉아 있는 석불, 불타나 예수의 자리는 어디 있어도 좋고 어디 있어도 불만스럽겠지만, 내가 본 장소 가운데 가장 멋있는 장소에 석불이 있었다. 위험하다는 생각이 들기도 했다. 하기는 예수나 불타의 앞자리는 삶의 위험한 장소인 것이다.

그러나 정작 그 여행의 진짜 감동은 다음날 아침에 일어난다. 저녁을 먹고 K선생은 9시 반쯤 나를 부곡에 있는 호텔에 데려다주고 다음날 7시에 모시러 오겠다고 했다. 그는 7시 30분에야 왔다. 창원에 있는 초등학교 교사 아내 때문에 창원에서 통근하고 있는 그는 나에게 줄 선물을 장만하느라 새벽 4시에 깨어 창녕 시골에 사시는 아버지 밭에 가 손전등을 켜고 배추와 무 그리고 창녕 특산 양파를 캐어 씻어 가지고 오느라 늦었다는 것이다. 그 전날 10시간 동안 함께 문학을 얘기하고 고적을 살펴보고 함께 고생하고 찬탄을 나눈 친근함 때문이겠지만 도시에서는 도저히 상상할 수도 없는 선물이요 마음 씀씀이였다.

다음날 학생들 앞에 서자 나는 여러분을 가르치러 왔지만 더 많은 것을 배우고 간다는 진심의 말로 문학 강연을 시작했다. 그리고 이런 마음 씀의 터전이 바뀔 날도 얼마 남지 않을 것이란 슬픔도 느꼈다. 사라진다 하더라도 마지막까지, 사라진다면 마음속에라도, 지녀야 할 것이 이런 마음 씀의 여유가 아니겠는가.   (2003)

한 곳을 고치면 다른 곳도 손봐야

　원고의 어느 한 곳을 고칠 때 다른 곳도 손봐야 한다는 사실을 잘 알면서도 소홀히 하고 마음에 흔적을 남긴 경우를 최근에 겪었다. 지난 6월 27일 산청문학회에서 초청한 강연을 위해 새벽에 깨어 장맛비를 뚫고 서울을 떠나 지리산 인터체인지에 도착해 오후 내 비 맞으며 백장암을 비롯해 여러 곳을 돌고 저녁에 강연장에 갔다. 강연이 끝나고 질문/대화 시간에 한 청중이 나에게 물었다. 그 질문을 확실히 알기 위해서는 금년 봄에 낸 나의 시집 『우연에 기댈 때도 있었다』에 실려 있는 「해미읍성에서」를 미리 알 필요가 있다.

　　해미읍성 순교 터를 돌아보다가 예수가 말했다.
　　'저들처럼 이름도 없이
　　두 팔 제대로 벌리고 달릴 십자가도 없이

나뭇가지에 아무렇게나 달려 건들거리거나
흠씬 매 맞아 죽은 사람은
인간적으로 나보다 웃길이지.'
잠시 생각하고 불타가 말했다.
'저기 이름 없는 풀꽃이 피어 있네.'
흐린 봄 하늘에서 눈을 거두며 예수가 속삭이듯 말했다.
'거기가 바로 우리가 살고 있는 곳이 아닐까.'
불타는 개망초에 코를 대며 싱글댔다.

  질문은 개망초가 '흐린 봄'이 아닌 여름 꽃이 아니냐는 것이었다. 원래 초고에는 개망초가 아니고 봄에 노랗게 지천으로 피는 애기똥풀이었다. 그러나 불타가 '똥풀'에 코를 대는 것이 발음상 아무래도 마음에 걸려 개망초로 바꾸었던 것이다. 사실 이 시의 초점은 이름도 없이 고통받고 순교한 사람들이 *인간적으론 자신보다 웃길이라고* 인간 예수가 말하는 데 있었기 때문에 큰 문제는 아니었으나 작품에서 한 곳을 바꾸면 다른 곳도 손봐야 한다는 사실을 깜빡했던 것이다.
  그런 자초지종을 이야기했으면 그만이었을 것이다. 그러나 하루 종일 빗속을 뚫고 돌아다녀서 피곤했는지 '애기똥풀'이라는 이름이 갑자기 생각나지 않는 바람에 두 번째 실수를 저지르고 말았다. 개망초가 5월 후반부터 피는 꽃이기 때문에 '늦봄'에도 필 수 있지 않겠는가라고 대답했던 것이다. 그러나 개망초를 봄꽃이라고 말하기는 힘들다. 질문자가 더 이상 추궁하지 않아 다음 질문으로 넘어갔지만,

마음이 조금 편치 않았다.

　여행에서 돌아오자마자 나는 '개망초'를 '애기똥풀'로 다시 고칠 것이냐, 아니면 '흐린 봄'을 '초여름' 쯤으로 바꿀 것이냐를 두고 고민했고, 옆 사람의 의견을 묻기도 했다. 이 시에서 계절은 문제되는 것이 아니기 때문에 결국 '애기똥풀'보다는 '개망초'를 살리기로 하고 계절을 '봄'에서 '초여름'으로 고쳤다. 고치는 김에 '개망초'도 그냥 '망초'로 바꾸었다. 그리고 출판사에 연락해서 다음 쇄를 찍을 때 고치라고 했다.

　그 질문이 없었다면 그냥 지나쳤을지도 모른다. 다시 말해 그게 이 시의 핵심이 아니기 때문에 별 문제가 없다고 말할 수도 있지만, 작은 흠도 흠이다. 시건 사람 사는 일이건 무엇 하나에 손대면 다른 곳에 빈틈이 생기기 십상이라는 사실을, 그동안 살면서 확인 재확인한 사실을, 그처럼 깜빡했다는 것은 나는 아직도 멀었다는 생각을 하게 해준다.　　　　　　　　　　　　　　　　　　　　(2003)

(위의 글을 쓰고 6개월 후 '망초'를 다시 '개망초'로 바꾸었다. 나와 나의 이웃들에게는 망초보다는 개망초가 낯익고 친근한 꽃이기 때문이다. 나는 아직 '망초'를 눈여겨본 적이 없다.)　　　(2004)

노인, 노동과 죽음 사이에 끼다

세상이 빨리 변하고 있다. 나처럼 전문적으로 글을 다루는 사람한테도 이해가 잘 되지 않는 '에이 짱나네' 같은 표현이 매일 새로 만들어지고 있다. 독자가 보내는 이메일에도 한참 생각해보아야 짐작이 가는 말들이 실려 온다. 사실 글 쓰는 게 업인 나에게는 새말 만드는 것에 대한 거부감은 별로 없다. 나 스스로가 적극적으로 새말을 만들기도 했다. 9년 전 방문 교수로 반년간 버클리대학에 가 있을 때, 셔틀버스를 믿고 차를 안 구한 것이 화근이 되어(셔틀버스는 저녁 5시에 끊어지니까), 아파트 방에 계속 갇혀 외로움에 시달리다가 드디어 외로우면 어때! 하고 극복한 외로움, 그 환해진 외로움을 위해 '홀로움'이라는 낱말을 새로 만들어 쓰기 시작한 것이 한 예이다. 그러나 요새처럼 키보드를 마구 두드려 계속 새말 새 표현을 만들어내는 데는 정신이 혼란해지고, 때로는 황당하다는 생각도 든다. 말과 글을 가지고 살아온 나도 그러니 다른 나이든 사람들의 마음은 어떠하랴.

 문제는 나처럼 '시대에 뒤떨어진' 사람들이 피라미드 정상처럼 부피가 줄어들지 않고 있다는 사실이다. 다시 말해 지금 젊은 세대를 잘 이해하지 못하는 사람들의 비율이 종전처럼 적절한 속도로 감소하지 않고 있는 것이다. 평균 생존연령이 느는데다가 출생률은 극도로 줄어들어 노인층이 점점 더 두터워지는 시대이다. 게다가 노인들까지 웰빙 음식이니 뭐니 하고 더 오래 살려고 달려드는 시대이니 더 말해 무엇하랴. 지지난번 《뉴스위크》지에는 허리 구부정한 노인 남녀가 한 손엔 지팡이를 짚고 나머지 손에는 각기 삽과 곡괭이를 들고 걸어가는 표지화와 함께 노인문제를 다루고 있다. 이제 은퇴가 아예 없는 시대가 온다는 예고이다.

 일에 미쳐 70, 80까지 젊은이들과 같이 뒹굴며 일하고 싶어 하는 사람들도 물론 있을 것이다. 그런 사람들은 물론 멋진 사람들이다. 그러나 살림살이하고 아이들을 키우는 고된 일을 끝내고 비로소 자기 자신으로 돌아가 쉬거나, 하고 싶었지만 생활 때문에 못 했던 일을 히려는 사람들이 더 많고, 그 사람들이 사회의 짐이 되기 시작하는 세상이 되어가고 있으니 문제이다. 그 사람들은 대체로 삶의 한창때를 나처럼 자신도 모르게 지나친 사람들이다. 생각해보시라. 활짝 핀 동백이나 산수유 혹은 매화를 보려고 별러서 여행에 나서지만 목적지의 꽃들은 대개 제대로 피기 전이든가 한물 지나간 때가 아니었던가. 나로 말하면 동백을 보려고 거의 열 번이나 남해안에 갔으나 사진에서 본 것 같은 점점이 떨어진 붉은 꽃송이가 나무 아래 던져져 있는 활짝 핀 동백은 본 적이 없고, 4월달에 일부러 찾아간 선운사 동백도 두세 번 다 허탕쳤다. 매화를 보러 찾아간 선암사, 네 번 가서 단 한 번만 만개한 꽃을 보았다. 지금 생각해보면 나나 내 또래의 사람치고 자신의 삶이 만개했던 시기를 알고 기억하고 있는 분은 별로 없을 것이다.

사실 직장에서 일에 몰두하다 보면 자신의 만개의 시기를 그냥 지나치기 십상이다. 금년엔 날씨가 따듯했으니까 동백이 한창이겠지 생각을 하며 만개한 동백을 보려고 내가 남해안을 찾아간 시기는 모두 새 학기가 시작되기 전이었다. 새 학기가 시작되면 나 같은 선생은 바빠서 짬을 내기 힘들다. 내 직업이 동백의 만개를 보지 못하게 한 것이고, 그러다 보니 어느샌가 은퇴가 찾아왔다.

그렇게 은퇴를 맞이하고 몇 년 살다보면 죽음이 다가오는 소리가 들린다는 사람들이 있다. 앞으로 은퇴 시기가 더 늦어지면, 은퇴하자마자 죽음의 그림자를 느끼는 사람들이 생길지도 모른다. 노인들의 삶이 은퇴와 죽음 사이에 숨 쉴 틈 없이 끼게 된 것이다. 노인 노동을 피할 수 없다면 결국 죽음을 이기는 수밖에 없다. 나의 문학적 선생 가운데 한 분은 오래 사시기 위해 장수 지역인 코카서스로 가시려고 그곳 말도 배우시고 했다. 그러나 처음부터 거기에서 살아야지 늙어서 그곳에 간다고 장수할 수 있을까? 아무리 피해도 어차피 오는 죽음, 보다는 죽음을 길들여서 데리고 사는 것이 그나마 죽음에 결박당하지 않고 이기는 방법일 것이다.

죽음을 길들이는 일은 사람마다 다르리라. 내 것 가운데 하나를 소개해보자. 나는 고등학교 때 작곡가가 되려고 결심한 적이 있었다. 시각적인 즐거움이 거의 없는 폐허 서울에서 청각적인 환희의 길을 택하려고 했던 것이다. 후에 작곡가의 길을 포기하게 되었지만, 그때 '나의 작곡가'는 베토벤이었고, 그가 57년도 못 살고 작고한 것이 마음에 걸렸다. 나는 베토벤보다 10년만 더 살면 여한이 없겠다고 여러 번 생각했다. 지지난해 말에 10년 더 산 시점을 건넜고 지금은 덤으로 산다는 심정으로 살고 있다. 덤으로 살고 있다는 생각이 전에는 생각도 못 했을 두껍고 힘든 책을 새로 읽는다든가 고통스러운 일을 견디는 데, 그리고 삶을 덤덤하게 보는 데, 힘이 되고 있다. (2006)

필요한 만큼만 가지고?

동물들은 자기가 필요한 식량 이상은 사냥하지 않는다. 사냥감이 넉넉하다고 해서 대장 사자가 앞으로 두 달 동안 나는 살이 연한 한 살 미만의 영양만 먹겠다고 주장하지는 않는다. 포식동물들이 취미나 재미로 필요 이상의 사냥을 했다면 아마 생태계 균형은 벌써 망가졌을 것이고 예의 그 동물들도 먹잇감 동물과 함께 화석으로나 남아 있게 되었을 것이다.

아리스토텔레스는 인간이 자신이 필요로 하는 것 이상의 것을 소비하거나 소유하는 것은 부정(不正)이라고 생각했다. 아리스토텔레스가 아니더라도 동서양의 많은 현자들이 그런 경고를 했다. 물론 우리 대부분은 현자들이 아니기 때문에 곧이곧대로 그 말을 지키기는 힘들다. 나만 해도 무리해서 사서는 목차만 훑어보고 책장에 꽂아둔

책이 많고, 아마 서설(introduction)만이라도 제대로 읽은 것이 절반이 될까. 도서관이 변변치 못했던 나 때는 대학 선생 대부분이 자기만의 소도서관을 가지고 있은 셈이었다. 도서관에서는 어느 한 사람이 꼭 필요로 할지 않을지 미리 알고 책을 구입할 수는 없는 일이다. 책이 아닌 것을 예로 든다면, 한두 번 입어보고 옷장에서 낡고 있는 옷을 안 가진 사람은 손들어보시라.

그래도 내 연배의 사람들은 음식을 남기거나 버리는 것을 죄라고 교육받았고 또 죄로 생각했다. 많은 사람들이 제대로 먹지 못할 때의 궁핍의 윤리를 지금처럼 '풍성해진' 시대에 주장하지 말라고 한다면 어쩔 도리가 없으나 방금 끈 텔레비전에서 우리나라 사람들이 1년에 버리는 음식 값이 3조 원이나 된다고 하니 옛 생각을 아니할 수가 없다. 그 '설득' 프로 바로 앞서 나온 뉴스에 의하면 하루 세끼를 제대로 먹지 못하는 노인이 서울에만 5만이라고 했다. 3조 원은 과장된 감은 있으나, 5만은 고통스럽지만 아마 별로 틀리지 않을 것이다. 정부기관이 굶는 사람의 수를, 그것도 굶는 노인의 수를, 불리지는 않았을 것이기 때문이다. 그런데 3조 원이면 남녀 아기 노인 할 것 없이 한국사람 모두가 1년에 1인당 8만 원어치씩의 음식물을 버렸다는 얘기다. 매 사람 10분의 1인 8천 원씩만 덜 버린다면, 다시 말해 하루에 20여 원씩의 음식만 덜 버린다면, 서울뿐 아닌 전국의 노인과 어린이의 식사문제가 해결될 것이 아닌가.

과장되었다 하더라도 한국 사람의 음식물 버리기는 정도가 지나치다고 생각된다. 물론 미국인도 많은 음식물을 남기고 버리지만, 내 경험에 의하면 그들이 집에서는 물론 식당에서 자기 접시에 남기는 음식의 양은 우리 식탁보다는 적다. 아마 미국에서 음식을 제일 많이 버리는 가정을 찾는다면 한국 교포일 가능성이 짙다. 우리보다 몇 배 더 잘사는 유럽인들은 확실히 우리보다 버리는 음식이 적다. 파티에 참석해 보면 꼭 먹을 것만 접시에 담는다. 파리나 로마에 가면 서울과 달리 소형차가 대부분이다. 지난 5년 전 한국문학축전 관계로 파리에 갔을 때 나에게 교통편을 준 대학교수나 출판사 주간의 차는 모두 소형차였다. 로마에 가면 마티스보다도 더 작은 차들을 빈번히 만나게 된다. 나도 소위 '중형차'인 소나타를 타고 있다. 나처럼 가벼운 폐쇄공포증이 있는 사람은 차가 소나타 크기는 되어야 한다고 둘러댈 것이다. 운전하는 동안 좋아하는 음악을 제대로 듣기 위해서 장만했다고 할 것이다. 그리고 나처럼 여행을 좋아하는 사람이 때로 5명으로 만들어지는 여행 팀을 위해 사용할 때는 소형차로는 너무 불편하지 않은가. 그러나 아주 고급차가 아니라면 넓으면 얼마나 넓고, 차 음악의 음질 차이가 있으면 얼마나 있고, 또 5명이 하는 여행이 얼마나 잦은가?

  몇 년 전 회식을 겸한 서울대 영문과 동창회에 참석했다. 여흥 프로로 선물 추첨이 있었고 그 중 가장 많은 선물이 동창 가운데 하나가 경영하고 있는 브레이크 생산 공장에서 내놓은 브레이크 패드였다. 나는 그날 그마저 못 받았지만, 행운의 10여 명이 앞으로 나가 브레이크 패드를 받았다. 모두 중형차용이었다. 그런데 패드를 받으러 나간 사람들 가운데 나와 대학 동기이며 같은 대학 교수인 손봉호 선생, 그는 교수로보다는 사회운동가 겸 사회비평가로 더 많이 알려져 있지만, 그가 자기에게는 소형차 패드로 줄 수 없느냐고 한 것이다. 주최 측에서 바삐 구수회의를 하더니 원하시는 소형차 패드를 집이나 학교로 배달해 드리겠다고 했다. 손봉호 교수와 나는 동창회에서는 상당히 높은 기에 속하는데, 다시 말해 그때 환갑을 이미 넘긴 사람들인데, 그가 아직 소형차를 타고 다닌다는 사실이 알려진 것이다. 회의장엔 잠시 침묵이 흘렀다. 지금은 모르겠으나 나보다 선배인 고대교수이며 비평가인 김우창 선생도 적어도 작년 이맘때까지는 낡은 소형차를 몰고 다녔다.

그러나 동시에 지나친 검소는 오만으로 통하지 않을까 하는 생각도 잠깐 했다. 나 같으면 내 차에 맞지 않는 브레이크 패드를 우선 받아 두었다가 필요한 사람에게 맥주 한 잔 받고 주었기 쉽다. 그러나 손봉호 선생을 폄하고 싶은 생각은 조금도 없다. 우리처럼 기름 한 방울 나지 않고 또 주차공간이 턱없이 부족한 나라에서는 소형차 이용이 맞다.

그렇기는 해도 소나타 정도를 타는 것은 과시용이 아닌 생활의 조그만 여유로, 비싸지만 마음에 드는 예쁜 찻잔을 고르며 즐기는 사치 정도로 생각할 수도 있지 않을까. 예쁜 조개껍질 같은 것을 꿰어 장신구를 만들기 시작하면서 유원인이 비로소 인류가 되었다고 주장하는 인류학자도 있다. '필요한 만큼'만 가지라는 '필요'에는 선이냐 악이냐의 이항대립으로는 해결할 수 없는 인간성의 무엇인가가 들어 있는 것이다.

(2001)

덥고 춥고 따지기엔 너무 아까운

이즈음 와서는 겨울의 추위를 근심하는 사람은 많이 줄었겠지만, 한여름의 더위가 고통스러운 사람은 아직 많을 것이다. 소위 피서지라는 데를 한번 가보자. 우선 가는 길부터 막힌다. 애써 도착한 해변가가 온통 장바닥이 되는 것은 그래도 참을 만하지만, 천막 주위에서 밤 2시까지 노래랍시고 고래고래 소리지르거나 쌈질을 하는 바람에 몸이 아무리 피곤해도 잠들기가 여간 힘들지가 않을 것이다. 특별한 경우가 아니면 민박도 별 차이가 없다. 물론 자기 별장을 가지거나 오래 전에 예약을 해서 고급 호텔에 드는 소수 사람은 예외겠지만 그들도 오가는 길 막히는 짜증에서 벗어날 수는 없을 것이다.

아예 집에서 버티며 더위를 견디는 일도 만만치 않다. 공해 때문에 더 무더워진 대도시의 여름이다. 다행히 에어컨이 있더라도 누진으로 오른다는 전기 값에 신경 안 써지는 것도 아닌데다가 아파트 관리실에서 변전시설 용량이 초과되니 에어컨을 꺼달라고 계속 안내 방송해 오는 바람에 마음이 기온 이상으로 무더워진다. 그 말을 들을 수도 듣지 않을 수도 없어 켰다 껐다 하다가 결국 다시 선풍기로 돌아오게 된다.

요새 와서는 더위가 괴로울 때마다 『벽암록(碧巖錄)』에 나오는 당나라 선승이며 선종 5대 종파의 하나인 조동종(曹洞宗)의 조사 동산 양개(良价)의 에피소드를 마음속에 떠올리며 더위를 달래곤 한다. 언젠가 중 하나가 동산에게 물었다.
 '추위와 더위가 닥치면, 어떻게 피할 수 있습니까?'
 동산이 말했다.
 '왜 추위나 더위가 없는 곳으로 가지 않느냐?'
 '추위나 더위가 없는 곳이 어딥니까?'
 '추위가 자네를 얼려 죽이고 더위가 자네를 지져 죽이는 곳이지.'
 그냥 마음으로 더위를 이기자는 말이 아니다. 더위나 추위보다 삶이 더 중요한 것이다라고 내세울 수조차 없는 간단한 명제를 내세우는 것이다. 못 견디게 춥거나 더우면 죽으면 되지. 죽음은 피할 수 없는 거다. 이 에피소드가 아니라도 선승들의 목숨을 초월한 행동과 문답을 따라가다보면, 슬그머니 더위가 가시기도 한다. 사실 한 번 더위에 수백 명씩 죽는 인도 같은 데 비하면, 우리나라는 얼어 죽었다는 말은 더러 있지만 더위로 떼죽음을 했다는 말은 없는 곳이다. 그러니 선적인 시원한 대화에 귀기울이다 보면 더위쯤은 누그러질밖에. 하지만 위의 에피소드에는 인간이 인간답게 살려면 추위나 더위 혹은 죽음 같은 것에 사로잡혀서는 안 된다는 명징한 뜻이 있다.

  이 이야기의 변형은 유교나 불교 경전이나 이슬람의 코란이나 기독교 성경에도 있을 것이다. 종교의 기본이 죽음을 통해 생명을 얻는 것이니 위 이야기는 경전 곳곳에 숨어 기다리고 있을 것이다. 그러나 다른 종교는 물론 같은 불교의 교종 여러 종파보다도 출발 때 조직이 덜 되고 뛰어난 선승들 하나하나가 길이요 빛이요 생명이었던 초기 선승들의 화두에는 그 어느 곳보다도 자연발생적인 힘이 있다.

  나에게는 청춘과 장년 33년 이상을 보낸 학교의 연구실에서 땀 흘리며 선풍기바람 속에서 일할 여름이 이제 앞으로 두 번밖에 남지 않았다. 금년 봄 마지막으로 반년밖에 못 얻은 연구교수 생활도 이제 끝나가는데, 창밖은 신록이 아니라 짙은 녹음으로 짙어가는데, 연구 과제로 쓰기로 한 '논문'은 아직 시작도 못 했는데……. 허나 이 연구실에서 죽음을 '진더위'나 '진추위'쯤으로 생각하고 일하며 더위를 물리칠 기회가 앞으로 두 번씩밖에 안 남았다는 생각을 하면 이 지구의 더위 자체가 아깝게 느껴지는 심정이 되기도 하는 것이다. (2001)

술 이야기

고단한 삶 속의 기쁨 가운데 하나는, 자랑거리가 아닌데도 자랑처럼 할 이야기가 아직 남아 있다는 것이다. 이제는 정상(頂上) 반열에서 한참 멀어졌지만 한때는 그 누구 못지않은 술꾼이었던 나는, 전에 술에 대해서 꽤 여러 차례 쓴 적이 있는데 아직 할 이야기 있음을 발견하고 놀라곤 한다. 하기는 이제 연말연초의 술타령 열기도 끝났으니 맨정신으로 내 주력으로 보면 최근의 이야기를 좀 해보자.

우선 가까운 사례를 하나 내놓자면, '참이슬' '처음처럼' '잎새주'들의 제조회사나 판매회사 사람들이 들으면 기분이 좋을 리 없겠지만, 그리고 안동소주 같은 전통 순곡 소주에게는 미안하지만, 언제부터인가 나는 가능한 한 소주를 마시지 않게 되었다. 제 맛이 아니고 알코올에 올리고당 같은 것을 타서 들큼하게 만든 것이기 때문이다. 다시 말해 다른 대다수의 술처럼 자체의 맛이 아니기 때문이다. 하기는 지난 50년간 내가 마신 알코올 총량 가운데 그런 소주에서 온 것이 3분의 2는 될 터이니 물릴 때도 되기는 되었다.

물론 대학생 때는 곡식으로 만든 35도 소주를 즐겼다. 지금처럼 희석 소주로 바뀐 뒤에도 25도였을 때까지는 넘어가며 목젖을 짜르르하게 하는 매력이 있었다. 불고기를 먹을 때는 역시 소주가 제일 궁합이 맞는다는 생각도 여러 번 했다. 그러다가 언젠가 23도로 내려가더니 이제는 20도 이하로까지 내려갔다. 못마땅해서 언젠가 불고기를 먹을 때 배갈을 마셔보았더니 설탕물에 뭘 탄 것 같은 이즘 소주보다는 훨씬 더 그럴듯했다.

얼마 전 남쪽에 있는 소도시에 가서 문학 강연을 한 적이 있었다. 군 지역에 갈 때 나는 강연료 다과에는 신경쓰지 않는다. 그저 내가 아직 제대로 보지 못한 무엇인가를 보여줄 수가 있는가를 묻고 그곳 행사 준비자들이 열거하는 지명이나 건물 석탑 혹은 풍경 가운데 마음에 드는 것이 있으면 무조건 흔쾌히 간다. 문제는 강연이 끝나고 회식할 때 생겼다. 시골 안주로는 그만하면 괜찮은 데 술이 소주와 맥주만 나온 것이다.

맥주 이야기가 나왔으니 말이지 우리나라 맥주회사들은 정말 너무한다 싶다. 지난 30년간 외국 맥주들은 발전과 발전을 거듭했는데 우리 맥주는 용기에만 신경을 쓸 뿐 제자리걸음을 했다는 생각을 떨칠 수 없다. 좀 과장하자면 여름에 마실 때 시원한 맛뿐이다. 그동안 벨기에 맥주나 독일 맥주들은 얼마나 새로워졌는가? 이즘 편의점에서 쉽게 살 수 있는 캔에 든 일본의 생맥주들만 해도 독특한 맛의 경지들을 획득하지 않았는가? OB나 히테(높이라는 뜻의 하이트로 읽어 달라고 한글로도 씌어져 있지만 언제부터인가 나는 히테라고 부른다) 회사는 현상 유지에 연연하지 말고 연구비와 정성을 더 쏟아야 할 것이다.

전 같으면 맥주와 소주면 족했다. 소주를 마시고 나서 맥주로 입가심하고 헤어지기도 했고, 맥주와 소주를 적당히 섞어 쏘맥을 만들어 들기도 했다. 쏘맥은 나도 마다않고 즐기는, 우리 민족 특유의 칵테일인, 폭탄주의 원조 역할을 톡톡히 했고, 지금도 웰빙 술로 마시는 오이소주 같은 것보다는 그런대로 맛이 낫다.

소주와 맥주를 앞에 놓은 채 나는 혹시 다른 술은 없는가 하고 물었다. 주위의 얼굴들이 금세 굳어졌다. 아 양주를 달라는 것이구나. 그러면 빠듯이 세워논 예산을 초과하게 되는데, 라는 생각이 그들의 뇌리를 스쳤을 것이다. 나는 천천히 말했다. 이곳 막걸리는 없습니까? 그러자 그들의 얼굴은 금세 풀어졌다.

막걸리 제조에 쌀 사용이 허가되면서 우리나라 도처에서 막걸리 맛이 참 좋아졌다. 전에는 이동막걸리 같은 것이 그나마 명성을 지니고 있었지만, 지금은 웬만한 지방 막걸리도 왕년의 밀가루 이동 막걸리의 맛을 능가하고 있다. 갓 나와서 아직 익는 중이거나 시간이 지나 시어지기 시작한 것이 아니라면, 다 마실 만하다. 그날 그곳 막걸리를 즐긴 것은 말할 것도 없고, 얼마 전 전주에 들려 제자와 후배 부부들과 2차에 걸쳐 밤늦게까지 즐긴 술도 막걸리였다.

폭탄주! 달포 전 어느 모임 때 옆에 앉았던 몇몇 전문 잡지사 젊은 주인들의 주장은 나를 놀라게 했다. 그들은 폭탄주 맥주잔 속에 들어 있는 위스키가 17년산인지 21년산인지 맛으로 구별할 수 있다는 것이다. 웬만한 술꾼은 맥주와 섞이지 않은 17년산과 21년산의 차이도 동시대비 테스트하기 전에는 구별하기 힘든데 참 예민한 미각들을 지니고 있구나 하고 감탄도 했지만, 그 혀 때문에 쓸데없는 자부심과 고통도 겪겠구나라는 생각도 했다. 그들보다 20여 년 술을 더 마신 선배에게 한마디가 허락된다면, '히테'에 17년이나 21년 고급 위스키를 혼합한 폭탄보다는 그리 비싸지 않은 독일 통맥주 크롬바커쯤에 6년이나 12년짜리를 섞은 폭탄이 값도 싸고 맛이 더 나으리라는 사실을 알려주고 싶다. 아니 크롬바커를 그냥 마시고 싶고, 17년이나 21년짜리도 딴것과 혼합하지 말고, 필요하다면 얼음이나 담아, 마시고 싶다.

그들은 또 포도주와 코냑을 섞는 '드라큘라'라는 포도주 폭탄주 얘기도 했다. 그들이 밑술로 꼽은 몇몇 고급 포도주나 거기에 섞는 술 코냑 XO급은 둘 다 값도 엄청나지만 맛으로도 그야말로 명주 가운데 명주이다. 두 명주의 맛을 죽이고 이상한 술을 만들어 마시는 것은 주성(酒聖) 모독이라 할 수 있다.

술판은 사람과 술 그리고 안주 삼박자가 맞으면 좋은 자리가 되지만 그 중 제일은 역시 사람이다. 술이 너무 튀면, 이즈음 삶에서 점점 누리기 힘들어진, 참여자들이 함께 즐기는 공동체적인 환희 대신 이상한 자부심이나 숙취에 고생하기 십상인 것이다. (2007)

안성 석남사의 이끼

　전셋집에 살면서도 전세금 이상의 오디오 기기를 들여놓고 사는 사람들이 있다. 젊었을 때 이야기지만 지금도 여유가 없으면서도 오디오에 미친 그런 억척같은 사람들이 있을 것이다. 나 또한 결혼 후 비록 보급형이지만 거추장스러운 스피커와 앰프와 턴테이블을 둘러메고 전세 집을 몇 번이나 옮겨 다닌 적이 있다. 60년대 말 70년대 초 서울 거리, 시각이 주는 즐거움은 보잘것없고 그나마 음악이 주는 청각의 즐거움이 삶의 아름다움의 원천이었던 시절이다.
　여유가 있으면 아예 아파트 한 채 값 이상의 오디오를 장만하는 사람들도 있다. 20여 년 전 그런 오디오 소리를 직접 들을 기회가 있었다. 그런데 나를 초청한 그 오디오 기기의 임자는 한 곡을 길게 다 들려주는 것이 아니라 당시는 음원이 CD가 아니고 LP였기 때문에 힘들게 판을 수시로 바꾸어 가며 녹음이 잘 되거나 연주가 뛰어난 부분

혹은 악장만을 골라 들려주는 것이 아닌가. 드디어 내가 물었다. 혼자 음악을 들을 때도 그러느냐고. 그는 대답했다. 시간이 부족해 그 좋은 것들을 많이 들으려면 지금처럼은 아니나 자주 바꾸게 된다고. 감탄하기도 했지만 음악을 듣지 않고 소리를 듣는군, 하고 속으로 폄한 것도 사실이다. 딸 수 없이 높이 열린 포도를 '신포도'라고 치부한 여우의 심정이라고 할까.

그러나 그가 만든 소리는 역시 좋았다. 고급 카트리지가 달린 명품 턴테이블, 이름난 프리앰프와 파워앰프, 쟁쟁한 스피커에다 널찍한 방, 이렇게 4요소가 구비된 경우였으니, 소리가 좋지 않고 어쩌겠는가? 부드러운 고음은 쭉쭉 뻗었고 저음은 풍부하면서도 단단했다. 과장하자면 연주자의 맥박까지 느껴지는, 그때까지 들어보지 못한 소리였다. 연주 현장보다도 나을 것 같다는 생각까지 했다. 그러나 소리 감상을 끝내고 같이 술을 한잔하며 들은 이야기는 이렇다. 그는 의사여서 수입이 좋으면서도 오디오 기기 바꿈질하느라고 부부싸움을 수시로 하고 때로 마누라를 속이기도 한다는 것이었다. 즐기는 데는 희생이 따르는구나. 하기는 값싼 기기나마 바꿀 때 나도 애기 엄마에게 때로 값을 줄여 말했다.

이와 맥이 가 닿는 일은 어디에도 있겠지만 하나만 찾아보자. 재작년 여름, 아니 그때 쓴 시 첫머리에 '2006년 7월 25일 오후'라는 구절이 나오니 날짜와 시간까지 밝히기로 하자. 후배 시인 하나 비평가 하나 그리고 나 이렇게 셋이서 안성에 들렀다가 석남사를 방문한 일이 있었다. 7월의 햇살 속에 하얗게 빛나는 높은 화강암 돌계단이 우리를 맞았다. 여름 오후의 열기 속에 건물도 마당도 졸고 있었다. 그러다 무엇엔가 이끌려 대웅전 뒤로 가본 우리는 예기치 못한 광경에 놀랐다. 널따란 타원형 카펫들처럼 깔려 있는 이끼의 형용할 수 없이 아름다운 색깔이 발 앞에 있었던 것이다. 이 글과 같은 제목의 나의 시에서 그것을 묘사한 구절을 인용해보자.

> 몸 오싹할 만큼 마음을 쏙 빨아들이는,
> 그냥 초록도 아니고 빛나는 연초록도 아닌
> 그 둘을 보태고 뺀 것도 아닌
> 초록 불길 속에서 막 나온 초록 불길 같은,
> 슬픔마저 빼앗긴 밝은 슬픔 같은,
> 이런 색깔이 이 세상 어디엔가 있었구나.
> 이 만남을 위해 70년 가까운 세월이 훌쩍 지나갔는가.

이 구절만 보아도 독자들은 마음을 홀린 그 이끼 색깔의 독특한 매력을 짐작은 할 수 있을 것이다. 나 혼자뿐이 아니라 우리 셋은 감탄에 싸여 그곳에 오래 서 있었다. 위 묘사에 이어 그 시는 다음과 같이 끝맺는다.

> 바로 이게 혹시 저세상의 바닥은 아닐까?
> 살아서는 두 발을 올려놓지 말라는.

아무리 보아도 이 세상의 것 같지 않다는 표현이다. 하기는 우리 셋 모두 두 발은커녕 한 발도 '감히' 이끼 카펫에 올려놓지 못하고 있었다. 그 자리를 떠나서도 그 충격은 오랫동안 나에게서 사라지지 않았다. 아마 내가 다음에 쓴 다른 시들에도 영향을 미쳤을 것이다.

 꼭 1년 후, 그러니까 작년 7월, 경기도 국어교육연구회의 강연 초청을 받아 안성 연수원에 갔을 때 나는 일부러 시간을 내어 석남사를 찾았다. 절로 가는 길의 풍성한 녹음도 하얗게 빛나는 화강석 계단도 한해 전과 다름없었다. 여름 오후의 나른함도 전과 같았다. 층계를 오르자 나는 곧장 뒤뜰로 향했다.
 없었다. 황홀의 흔적은 자취도 없었다. 타원형의 커다란 이끼 카펫들 대신 파헤쳐진 땅에 돌들이 깔리고 있었다. 흙 마당을 아예 판석으로 덮고 있는 것이었다. 단 한해 동안에 이렇게 변하다니. 그러나 나에게 생각의 깊이를 준 것은 세월의 무상함이 아니었다. 이즘에 그런 일은 1년이 아니라 반년 동안에도 일어날 수 있다. 이끼를 자라게 하는 습기가 대웅전 기둥 같은 것을 상하게 하는 것을 막기 위해 돌을 깔기로 한 것 같았지만, 그 조치가 세 사람의 글 쓰는 사람을 온통 황홀하게 했던 색깔의 향연을 완전히 지워버린 것이다. 어찌 우리 셋 뿐이랴. 오랜 동안 석남사를 찾아 뒤뜰까지 와본 많은 사람들의 황홀을 뒤엎어버린 것이다.
 오디오의 경우처럼 이끼 색깔의 아름다움을 누리는 데도 어느 정도 희생이 필요하다. 끊임없는 배수 시설 보수 및 청소가 필요한 것이다. 그게 싫어 아예 돌을 깔아 습기를 제거한다면 살기는 편할지 모르나 이끼 색깔의 황홀과 동시에 흙이 풍기는 푸근한 맛을 원천적으로 제거하게 되는 것이다. 아름다움에는 희생이 따른다. 한 인간 육체의 아름다움을 건지기 위해서 운동과 화장에 얼마나 많은 정성과 시간이 들어가는가? 한 인간 정신의 아름다움을 지키기 위해서 얼마나 많은 자성과 수련과 정진이 들어가는가? 그런 것을 견디며 아름다움을 향유하는 것이 인간다움의 한 징표가 아니겠는가?   (2008)

꽃

　질척질척한 골목길이 온통 꽃이었다. 꽃가게나 꽃 파는 노점상인은 물론 갠지스 강에 꽃을 띄우러 가는 사람들과 비슈누 신(神)의 재생력(再生力) 화신인 크리슈나의 신전으로 꽃을 바치러 가는 사람들의 머리도 손도 꽃의 잔치였다. 붉은 색조가 기본이었지만 탐스런 노란 꽃도 있었고 파란 꽃도 있었다. 열대나 아열대 꽃들답게 크고 화려했다. 쓰레기를 뒤지고 있는 바싹 마른 흰 소의 목에는 약간 시든 화환이 걸려 있기도 했다. 비온 뒤 물이 채 빠지지 않고 동물의 분뇨가 여기저기 널린 골목이었으나 땅만 보며 걷지만 않는다면 꽃의 황홀이 길의 혼탁함을 덮고 있었다. 그 꽃의 행렬의 한 끝은 갠지스 강까지 이어졌고 많은 꽃이 강물의 흐름에 띄워졌다.

　13년 전 2월 인도 바라나시에서 만난 정경이다. 그러나 인도가 아니라면, 아니 열대의 꽃이 아니라면, 꽃 이야기를 할 때 목소리를 낮추는 게 좋지 않을까. 우리 난의 향기는 큰 소리를 치면 외면할 것 같고 활짝 핀 매화나 벚꽃은 목소리만 높여도 우수수 떨어질 것 같다. 배롱처럼 마음 진하게 먹고 오래 사는 꽃도 있지만 꽃은 대체로 오래 못 간다. 꽤 오래 버티는 개량 장미의 경우도 진짜 고운 기간은 2, 3일 뿐이라고 전문가들은 말한다. 전문가가 아닌 게 얼마나 다행인지.

지난해에 대한출판문화협회와 문화일보가 공동 주최한 '한국출판문화대상'의 심사위원장을 맡았던 덕으로 수상 서적의 하나인 전문 식물사진작가 김진명이 20년에 걸쳐 애써 사진을 찍고 글을 쓴 『꽃의 신비』(한국몬테소리, 2006)를 선물로 받는 행복을 누리게 되었다. 신문 한 면의 절반 크기나 되는 큰 책형에 각각 봄 여름 가을이라고 이름 붙인 아트지 인쇄 호화 양장의 책 세 권을 받은 지 반년 가까이 되고도 나는 아직 그 값을 알지 못하고 있다. 출판사에서 일체 서점에 내놓지 않고 주문을 받아 직접 배달하는 책이기 때문이다. 그래서 나는 속으로 합이 3백만 원쯤으로 치부하며(구입하고 싶은 분은 내 일방적인 추정가에 주눅들지 마시고 전화를 해서 값을 알아보시기 바란다) 그동안 내내 머리맡에 놓고 수시로 즐기고 있다. 특히 신새벽에 깼을 때 다시 잠들려고 몇 번 몸을 뒤척이다가 아 여기 꽃들이 있었지, 하며 불을 켜곤 한다.

정성들여 만든 책이다. 내용을 빼고 책 자체만 보아도 아마 우리나라에서 나온 최상의 책 가운데 하나일 것이다. 전적으로 꽃을 다루는 책이니까 꽃같이 아름다운 책을 만들려고 기획했다는 생각도 든다.

실린 사진들도 그렇다. 정성들여 찍은 것은 말할 것도 없고 같은 꽃을 피기 직전과 활짝 피었을 때 그리고 열매 맺었을 때를 달리 찍기도 했고, 복수초나 앉은부채꽃이 초봄에 눈 밖으로 나올 때는 바깥 온도와 꽃 속의 온도 차이를 온도계를 꽂아가며 비교하고 속의 온도가 눈을 녹이며 꽃이 나오는 모습을 보여주기도 한다. 전에는 그런 꽃들이 식물 특유의 근육의 힘으로 눈을 들치고 나오는 줄 알았다. 도시에 살며 주로 외국 꽃이나 종류가 극히 제한된 야생화를 보며 살아온 나에게는 이 책이 우리 꽃의 삶 이야기도 들려주고 있다.

꽃에 관한 한, 내 나이 또래(이제 젊은이들이 잘 쓰는 '또래'라는 말을 쓰기 힘든 나이가 되었다) 사람들은 지금 우리나라에 살고 있는 사람들 가운데 가장 허전한 세대이다. 어렸을 때 태평양전쟁 중이라 꽃은커녕 인형 하나 갖지 못하고 살았고, 시골에서 살았다 해도 꽃의 아름다움이나 생김새보다는 먹는 식물이냐 못 먹는 식물이냐를 우선 구별하며 살았다. 먹을 수 있는 진달래는 참꽃, 먹을 수 없는 철쭉은 개꽃이었다. 다시 말해 감수성이 막 형성되던 시절을 꽃 없이 보냈던 것이다. 해방 후 한 반 학생이 80명이나 되는 초등학교의 어지러운 몇 년을 보내다가 6학년 때부터 3년간 혹독한 6·25를 치루었다. 꽃보다는 탱크나 대포가 그 시절 소년의 아이콘이었다. 피난 시절, 담배와 초콜릿 장사를 할 때는 말할 것도 없고 부산 영도 가는 길에 천막 치고 공부한 중학교 생물 시간에도 꽃은 거의 관심 밖이었다. 다시 말해 꽃 같은 걸 살필 그런 경제적이나 정신적인 분위기가 아니었다. 환도하고도 고등학교에선 식물, 특히 우리 꽃에 대해선 거의 가르치지 않았다. 서울 대부분의 지역에는 꽃집도 없었다. 설사 전차 종점쯤에 하나쯤 있었더라도 거기서 다루는 꽃은 대부분 서양 이름을 가진 장미나 백합이나 카네이션 같은 꽃이었고, 그나마 대부분의 사람들은 꽃을 사는 것은 물론 꽃집을 윈도 쇼핑할 마음의 여유조차 없었다.

그래서 그런지 내 나이 또래의 시인 작가들의 글에 꽃의 삶이 드러나는 일이 별로 없다. 들에서 피는 꽃은 들꽃이고 가을에 피는 꽃은 가을꽃이다. 들에 피는 국화 종류 꽃은 모두 들국화이다. 물론 예외도 있어서 윤후명 같은 작가는 우리 야생화들을 직접 기르며 보고서 비슷한 책도 하나 썼다. 그러나 그는 나보다 10년 가까운 후배이고, 꽃 기르는 일에 '미쳤다'는 소문까지 갖고 있는 사람이다.

그런 예를 빼면, 문학 동료들의 작품 가운데는 꽃에 대한 묘사나 서술이 잘못된 경우가 많다. 대표적인 여름 꽃인 밤꽃을 초봄 언덕에 그것도 '일찍' 피우게도 하고 벚꽃이 진 다음 좀 있다가 돋아나기 시작하는 감잎(감꽃은 물론 훨씬 더 후에 피기 시작한다)이 같은 장수에서 벚꽃과 동시에 풍성히 나무를 감싸고 있는 풍경을 만들기도 한다. 20종에 달하는 참나무 중에서 상수리와 떡갈나무는 가장 잘 구별되는 특징을 가지고 있다. 그런데 그 둘을 거꾸로 혼동하는 산골 출신 작가도 있다. 뿐이랴. 깊고 높은 산속에서 사는 가문비나무를 도시 쓰레기장 근처에 서 있게도 한다. 이런 것을 열거하다 보면, 문득 슬퍼진다. 꽃에 대한 지식 부족이 아니라 주위 사물에 대한 애정 부족이라고 할 수도 있기 때문이다. 애정이 적어야 눈앞에 살아 있는 저 아름다운 자태들을 무시하고 그처럼 대담하게 새 품종들을 개발할 수 있지 않겠는가? 그러나 최근에 와서 지구온난화 때문인지 공해 때문인지 적어도 서울에는 봄꽃 개화 시기나 순서가 따로 없기는 하다.

  내가 꽃을 그나마 좀 알고 좋아하게 된 것은 20여 년 전부터 조금씩 관심을 가지고 살펴 왔기 때문이다. 당시 살던 아파트 주변에 있는 민들레나 제비꽃부터 살펴보았다. 생김새며 냄새며 처음부터 여간 아기자기한 게 아니었다. 아니 20여 년 전부터가 아니다. 결혼한 지 40년 되는 아내가 중학교 때 식물반원 출신이어서 결혼하고부터 셋집의 좁은 주거 공간에서도 계속 꽃들을 키워 왔기 때문일 것이다. 지금도 나는 식물에 대해 의문이 생기면 식물도감보다도 먼저 아내에게 묻곤 한다.
  조선왕조 때 정치와 글을 좌우하던 선비들은 매화 난 국화 등 사군자에 드는 꽃을 집중적으로 좋아했다. 그들은 대표적인 봄꽃이며 우리나라 특산종이라 할 수 있는 개나리를 중국에서 산목련을 가리키는 신이화(莘夷花)라는 국적불명의 이름으로 불렀다. 진달래를 말하는지 철쭉을 말하는지 모를 두견화 등등 몇몇이 등장할 뿐 대부분의 야생화는 거의 시나 글에 이름을 밝히며 등장하지도 않는다. 그 전통을 생각하면 현대문학에 와서도 이름이 구체적으로 밝혀진 꽃을 만나기가 힘든 것이 이해가 되기도 한다. 우리나라 사람의 애송시 가운데 하나인 김춘수의 시 「꽃」을 보자.

내가 그의 이름을 불러주기 전에는

그는 다만

하나의 몸짓에 지나지 않았다.

내가 그의 이름을 불러주었을 때

그는 나에게로 와서

꽃이 되었다.

―「꽃」의 전반부

  이 시에서 꽃은 거의 유일한 소재이고 모티프이다. 그러나 이 시를 조심히 여러 차례 읽어보아도 무슨 꽃인가는 짐작할 수조차 없다. '내가 그의 이름을 불러주었을 때' 시인은 상대방 꽃의 이름, 장미면 장미 동백이면 동백이라고 불렀는가, 아니면 그냥 추상적으로 꽃아! 라고 불렀는가? 서양시의 경우에는 대체로 꽃은 본명을 대며 등장하거나, 적어도 충분히 그 종류와 이름을 추측할 수 있도록 되어 있다. 김춘수 시에 등장하는 꽃 가운데 그 크기나 지속성을 생각할 때 적어도 그 '꽃'이 벚꽃이나 진달래를 상대로 한 것 같지는 않고, 맥이 닿을 만한 꽃을 찾는다면 그의 시에 자주 등장하는 산다화(山茶花)라는 생각이 든다. 그러나 그가 널리 알려진 동백이라는 이름 대신 '산다화'라는 이름을 계속 쓴 것을 보면 꽃 자체보다는 그 발음에 더 신경을 쓴 것 같기도 하다. 동백은 목련과 더불어 필 때는 화려하지만 지는 모습은 울음이나 낙담 같은 꽃이다. 김춘수가 '산다화가 지고 있었다'라는 표현을 대범하게 반복하고 있는 것을 보면 위 생각을 더 굳히게 된다.

최근 조선일보가 시인들을 상대로 해서 조사한 애송시 100편 가운데 김춘수의 「꽃」과 함께 이상의 「절벽」이 들어 있다.

> 꽃이 보이지 않는다. 꽃이 향기롭다. 향기가 만개한다. 나는 거기 묘혈을 판다. 묘혈도 보이지 않는다. 보이지 않는 묘혈 속에 나는 들어앉는다. 나는 눕는다. 또 꽃이 향기롭다. 꽃은 보이지 않는다. 향기가 만개한다.
>
> ─ 「절벽」의 앞부분

절박한 반복이 계속되는 이 시에도 꽃 이름은커녕 생김새가 어떤 꽃인가? 주로 어디에 피는 꽃인가? 도시인가, 시골인가, 꽃가게인가? 계절은? '만개하는 향기'라면 어떤 향기인가? 난처럼 은은한 향기인가 수수꽃다리처럼 어질어질한 향기인가 등등의 의문만 생기게 할 뿐이다. 이상 같은 부조리 시인의 시를 읽으며, 특히 「절벽」처럼 절망을 형상화하려 한 것 같은 시를 읽으며, 그런 것을 물으면 어떻게 하느냐고 할 사람도 있겠지만, 그런 시일수록 주된 이미지의 형태와 향기에 대한 암시가 감각의 환기를 통한 독자의 최소한의 참여를 위해 필요하지 않겠는가고 반박할 수 있을 것이다.

꽃에도 이름이 있고 족보가 있다. 가을이면 산과 들에 흔히 피는 국화과의 쑥부쟁이만 해도 쑥부쟁이 가새쑥부쟁이 버드생이나물 등이 있고 속(屬)이 다르지만 쑥부쟁이속의 꽃들과 쉽게 구별하기 힘든 개미취속에도 여러 꽃들이 있다. 뿐이랴. 그래도 조금만 사귀면 쑥부쟁이나 개미취와는 차이가 드러나는 구절초만 해도 구절초 넓은구절초 바위구절초 산국 등 여러 가지 이름의 꽃이 있다. 이들을 모두 들국화라고 부른다면 도대체 식물들이 따로 이름을 가질 필요가 없을지도 모른다. 해방 후 꽃 이름을 새로 만들 때 너도바람꽃, 나도바람꽃, 홀아비바람꽃처럼 조작적인 이름을 붙인 것도 있으나, 오랑캐꽃 대신 제비꽃, 나무백일홍 대신 배롱나무 같은 괜찮은 이름이 새로 지어지기도 한다.

이 글을 쓰기 직전 산청군 단성면에 있는 특수학교 '지리산고등학교'에 강연 여행을 다녀왔다. 매년 전국적으로 가난한 학생 가운데서 우수한 학생 20명씩만 뽑아 기숙사까지 완전 무료로 3년을 가르치는 학교였다. 4년 전 가을엔가 창녕고등학교로 문학 강연 갔을 때 당시 그곳 국어교사였던 김인수 선생이 나를 화왕산 억새밭으로 안내한 후 서로 연락을 끊지 않았고 그가 자리를 옮겨 교감이 된 지리산고등학교의 초청으로 작년 여름방학 때 가서 박해성 교장 선생을 만나 같이 대원사 골짜기에 있는 학교 별관에서 하룻밤을 자며 폭우 속 지리산 물줄기의 매력과 공포를 경험하게 한 그 학교였다. 우물이 넘치고 포장도로가 범람해 밥도 짓지 못하고 갇혀 있다가 11시가 넘어서야 면소재지로 내려와 조반을 먹을 수 있었다. 그러나 그 물줄기보다 그 두 사람의 교육적 정열이 못하지 않음을 느낄 수 있었다. 주위의 무

관심과 열악한 조건을 무릅쓰고 그들은 전신으로 학교에 매달리고 있었다. 강연을 해달라는 청을 나는 기꺼이 받아들였다.

남부터미널에서 2시에 고속버스를 타고 서울을 떠나 5시 조금 지나 단성면 입구 원지에 도착할 때까지 줄곧 나는 고속도로 양편으로 흐르는 개나리와 진달래를 즐겼다. 이따금 흰 조팝꽃 무리가 줄기가 휘도록 피어 있기도 했다. 그러나 일품은 산청군 단성면에 있는 '대물평생교육학원' 언덕에 피어 있는 두 그루 살구나무였다. 마침 교육이 없던 때라 조용한 학원, 지형에 맞게 멋지게 창을 낮게 설계한 사무실에서 창밖을 내다보며 차를 마시고 나와서 만난 꽃, 저녁 햇빛을 조용히 받으며 서 있었다. 새카만 둥치에 깨끗하고 환하고 상큼한 꽃, 불은 없고 불길만 있는 하얀 불길들처럼 타고 있었다. 내 마음의 일부도 타고 있었다. 무언가 든든함을 느끼게 해주는 박 교장과 함께 보았기 때문에 더 그랬을 것이다. 이런 일은 일순 삶의 눈시울을 뜨겁게 만든다. 이 두 살구나무를 만나본 것만으로도 여행의 본전은 건진 셈이었다.

다음날 10시에 나는 학생들과 학부형들 그리고 선생님들을 상대로 삶과 문학에 대해 강연을 했다. 주된 내용은 인간에게 미리 주어지는 가난 같은 나쁜 조건을 극복하는 것이 아예 그 나쁜 조건이 없었던 경우보다 윤리적으로나 현실적으로나 더 가치가 있다는 것이었다. 극복하는 동안 삶과 타인의 존재를 배우기 때문이다. 그리고 인간의 존엄성을 배우기 때문이다. 따라서 너무 좋게 주어진 조건이 극복 대상이 될 수도 있다. 톨스토이와 크로포트킨을 비롯해서 여러 예를 들며 설명했다. 그리고 조금 후 내 시를 이야기하는 자리에서 최근에 쓴 「삶의 맛」이란 작품을 내 강연 주제의 한 예로 들었다.

환절기, 사방 꽉 막힌 감기!
꼬박 보름 동안 잿빛 공기를 마시고 내뱉으며 살다가,
체온 38도 5분 언저리에서 식욕을 잃고
며칠 내 한밤중에 깨어 기침하고 콧물을 흘리며
눈물샘 이정표마저 희미한 눈물 흠뻑 쏟다가,
오늘 아침 문득
환한 봄 기척 허파꽈리 속으로 스며든다.

이젠 휘젓고 다닐 손바람도 없고
성긴 꽃다발 덮어줄 안개꽃 같은 모발도 없지만
오랜만에 나온 산책길, 개나리 노랗게 울타리 이루고
어디선가 생강나무 음성이 들리는 듯
땅 위엔 제비꽃 솜나물이 심심찮게 피어 있다.
좀 늦게 핀 매화 향기가 너무 좋아
어쩔 줄 몰라 하다 그만 발을 헛디딘다.
가벼워졌나?
신열이 가신 자리, 확 지펴지는 공복감, 이 환한 살아 있음!
광폭(廣幅)으로 걷는다.
몇 발자국 앞서 가는 까치도 광폭으로 뛴다.

세상 마지막 날에
제일로 잊지 말고 골라잡고 갈 삶의 맛은
무병(無病) 맛이 아니라 앓다가 낫는 맛?
앓지 않고 낫는 병이 혹
이 세상 어디엔가 계시더라도.

―「삶의 맛」 전문

 이 시를 쓰기 전 늦겨울의 마지막 문턱에서 나는 감기에 걸려 고생을 했다. 지난 몇 년간 겪어본 일이 없는 심한 감기였다. 보름 이상을 나을 만하다가는 덧나고 나을 만하다가는 덧나곤 했다. 세상이 캄캄해지기도 했다. 병원에 가서 주사를 맞아 봐도 약을 잔뜩 타먹어 봐도 마찬가지였다. 겹친 과로 때문인가, 아니면 이제 늙었다는 표지인가, 생각도 많이 했다. 그러다 어느 날 나도 모르게 봄기운이 몸에 스미는 것 아닌가. 아파트 밖을 내다보니 몇 달 동안 보이지 않던 꽃들이 눈에 들어왔다. 나는 늘 다니던 현충원으로 천천히 산책을 나갔다.

 보름 전만 해도 아예 없던 꽃들이 여기저기 피어 있었다. 이른 봄 우리 들판에 흔히 피는 그야말로 귀여운 노루귀가 현충원에서는 전혀 볼 수 없는 것이 조금은 유감이었지만, 목련도 개나리도 진달래도 좀 늦게 핀 매화도 제자리 잡고 피어 있었고, 그리고 땅은 제비꽃과 솜나물꽃 같은 것들이 수놓고 있었다. 아직 이름을 몰라 섭섭해 하는 듯한 꽃도 있었다. 시에서는 감정을 좀 억제했지만 기분이 좋은 정도가 아니라 다시 한 번 환한 생명을 얻는 기분이었다. 감기가 나은 때가 꽃이 없는 늦가을이든가 한겨울이었다면, 아니면 압도적인 녹음 속이었다면, 이런 생각, 이런 삶의 환한 느낌이 있었을까?

  물론 꽃은 인간을 위해 아름다운 것은 아니다. 봄이 인간을 위해 오가는 것이 아닌 것과 마찬가지이다. 그러나 봄은 인간과 모든 생명에게 재생(再生)의 기쁨을 준다. 꽃은 생명이 세상에 펼치는 축제요, 시요, 삶이 심드렁해질 때 재생의 밝기를 보여주는 축복이다. 이 세상에서 살며 꽃과 같이 보낸 삶의 부분이 그 어느 부분보다도 환하고 아름다웠다고 나는 생각한다.   (2008)

삶의 향기 몇 점

영원한 삶이란 한없이 게으르게 살고 싶다는 심정의 다른 이름이다. 삶은 계속해서 죽음을 향해 다가가지만, 죽음은 죽음대로 자기 식으로 삶을 연출한다.

*

지난해와 올해 전반에 알고 지내던 사람 여럿이 세상을 떴다. 그중 내 삶에서 가까웠던 사람들의 부고만 해도 고등학교 때부터 친하게 지내다가 같은 대학에서 같이 선생 업을 끝낸 국제법 학자 백충현, 같이 글을 써 오던 시인 오규원, 김영태, 소설가 홍성원 등이다. 이들의 뒤를 바싹 이어 선배 작가 박경리 선생이 이승을 떴다. 그리고 이 글의 마감날인 오늘 아침 마음으로 특히 가깝게 지내던 소설가 이청

준의 부음을 받았다. 추상적으로가 아니라 현실적으로 죽음이 집으로 들어오는 골목 입구에 와 있다는 느낌이다.

　죽음과 가까이 산다는 사실이 나에게 별로 겁을 주지는 않는다. 생물은 언젠가 죽는 것이고, 사실 죽기 때문에 생물인 것이다. 죽지 않는다면 그건 그냥 사물(事物, 死物)일 뿐이다. 말이 그렇지 속으로는 죽음이 두렵지 않느냐고 추궁한다면, 솔직히 두려움을 별로 느끼지 않는다고 말할 것이다. 정작 두려운 것이 있다면 주위 사람들을 괴롭히면서 자신은 천국에 산다는 치매 같은 것이다. 아마 40대 중반부터 14년에 걸쳐 죽음을 삶의 일부로 만드는 연작시『풍장』을 썼고, 그 후로 죽음과 삶을 같은 차원에서 살아내는 예수와 불타의 대화시를 또 10여 년 써 오면서 나도 모르게 죽음에 대해 단련이 되었는지 모른다.

　지난 5월 초, 박경리 선생의 죽음 이틀 전인가, 빈소-영결식-화장장을 거쳐 도착한 홍성원의 장지는 저 아래로 임진강이 내려다보이는 경치 좋은 곳이었다. 장례 버스에서 내려 사륜 구동차로 갈아타고 타이어로 돌부리를 차며 한 10분 올라간 곳, 무성한 녹음 속에 늦은 봄꽃들이 피어 있었고 꽤 물이 오른 목소리로 새들이 울었다. 48기까지 함께 모실 수 있는 아담한 석조 가족묘원이었다. 가족과 친지들이 망자 몇이 그리워질 때마다 어디 따로따로 가지 않고 경관이 좋은 방 하나 정도 크기의 아담한 공간에 모여 그리움을 녹일 수 있다는 것이 가족묘원의 묘미라고 생각했다. 들 건너편으로는 자동차들이 이따금씩 소리 없이 오가고 그 길 건너로는 임진강이 또 소리 없이 흐르고 있었다. 군사시설들은 어디에 감춰두었겠지만 보이지 않았다. 휴전선 가까운 곳이라 사람이 아주 드물었고 자연스레 자연보호가 잘 되어 있었다. 늦봄의 오후, 이런 곳에 누워 있으면, 비록 죽은 자의 느낌이라고 하더라도 삶이 부럽지 않겠다는 생각도 했다.

 이런 생각은 자연스럽게 삶과 죽음이 이항대립처럼 항상 서로 반대되는 상태가 아니고 이따금씩 서로 자리를 바꾸기도 하는 그런 유동적인 상태라는 생각으로 가게 된다. 자리를 바꾸기만 하랴. 주위를 둘러보면 이미 죽은 것과 다름없는 삶도 있고, 죽음의 상태에서 삶의 새 모습이 보이기도 한다. 그런 죽음/삶 이야기를 몇 뽑아보기로 한다.

*

 멀구슬나무꽃이 그야말로 한창이었다. 남해안이나 제주도에 가야 볼 수 있는 중키의 교목, 찻길 가에도 동네 입구에도 버려진 창고 옆에도 보랏빛 감도는 꽃을 잔뜩 달고 신선한 향기를 뿌리고 있었다. 후박나무로 잘못 알려진 일본목련이 아닌 진짜 후박나무도 여러 갈래로 퍼진 나무줄기 위로 잎들을 우산처럼 펼치고 있었고, 서울 인근에서는 보기 힘든 녹나무와 느릅나무도 푸른 잎을 자랑하고 있었다. 이따금 사슴 떼가 차 앞을 가로질러 길을 건너고 조금 더 가다 보면 전기휠체어를 탄 중년 사내가 방금 집 마당으로 들어가고 있었다. 2008년 6월 1일 오후, 고흥군 소록도였다.

이번에 그 섬에 갈 때까지 소록도는 내 무의식 속에 죽음의 섬으로 되어 있었다. 약 50년 전 대학생 때 전남 벌교까지 여행 갔던 나는 내친김에 말로만 듣던 나환자 수용소 소록도에 한번 들려보자 하고 녹동까지 버스를 타고 가서 배를 타고 건너 가, 내내 나환자들의 기척을 느끼며 잠시 동안 '안전지대'인 해수욕장에서 수영복도 없는 맨 팬츠 바람 수영을 하고 돌아온 적이 있었다. 나병균을 처음 발견한 사람 이름을 따서 한센병으로 이름 붙여진 병의 치료약이 생기기 전이라 나병을 죽음보다 더 무서운 것으로 알던 때였다. 그 후로 소록도는 내 의식/무의식 속에 구체적인 죽음의 섬으로 저장되었다.

그때는 해수욕장 뒤 숲 쪽으로 철조망이 완강히 쳐 있고 그 뒤로 나병환자들이 어슬렁거리는 것을 보고 긴장했던 일이 어렴풋이 기억난다. 최근에 자신의 소록도 체험을 그린 의사 김범석의 책 『천국의 하모니카』(Human&Books, 2008)를 읽고 명칭을 알게 되었지만 '수탄장(愁嘆場)'이었다. 그때 철조망은 소록도의 직원지대와 나병 환자들이 생활하는 병사지대로 나뉘는 경계선이었다. 환자 자녀의 감염을 우려한 병원 측은 미감염 자녀들을 강제로 철조망 바깥쪽 즉 병원과 해수욕장 쪽에서 살게 했고 경계선 도로에서 한 달에 한 번씩 면회가 허락되었다. 이때 자녀와 부모는 철조망과 도로를 사이에 두고 눈으로만 혈육을 만나고 헤어져야 했다. 혹시라도 균이 바람을 타고 날아갈까 봐 부모들은 바람이 마주 불어오는 때를 골라 서 있곤 했다. 50년 전 철조망 바깥쪽만도 워낙 아름답고 깨끗해서 견뎠지만 섬에 내려 나병환자는 견디지 못한다는 바닷물에서 짧은 수영을 마치고 배를 타고 떠날 때까지 가벼운 두려움이 몸에서 떠나지 않았다.

시인 황학주가 고흥군에 새로 마련한 집필실과 팔영산을 보러 오라고 해서 여수 공항에 내린 평론가 이숭원과 나는 황 시인을 옆에 태우고 사륜 구동차를 몰고 공항에 나온 사진작가 박태희와 함께 집필실(말이 집필실이지 조그만 앞바다 하나를 마당으로 가진 멋진 별장이었다)에 간단히 짐을 풀고 우선 소록도부터 가기로 했다. 황학주의 연락을 받고 휴일 오후를 '기꺼이' 반납하고 가이드를 하겠다고 녹동항에 나온, 소록도 환자 여섯 마을 가운데 하나를 맡고 있는 아름답고 똑똑하고 헌신적인 간호사 윤현주를 만나 나룻배에 차를 탄 채 승선해서 5분여 만에 소록도로 건너갔다.

우리가 아는 '안전지대'는 여의도 1.5배 크기 소록도의 조그만 부분에 지나지 않는다. 마을로 들어가는 입구에서 윤현주는 차 유리를 내리고 출입을 통제하는 사람들과 말을 나누곤 곧장 출입금지 구역 안으로 우리를 안내했다. 환자 마을들로 이어지는 길을 이리저리 돌아 중앙공원 쪽으로 갔다. 마당에서 일하는 환자도 있었고 집 입구에 곧 쓰일 듯이 경운기가 제대로 놓여 있기도 했다. 무엇보다도 깨끗했다. 멀구슬나무꽃이 사방으로 향기를 날리고 사슴들이 떼지어 다녔다. 사슴 숫자가 너무 많아져 매년 섬 밖의 엽총 소지자들을 불러다 솎아낸다고 했다. 도무지 죽음의 냄새가 나지 않았다. 자료관에서 소록도의 역사와 현황을 그야말로 정열적으로 설명하는 60세쯤 나 보이는 사내도 얼굴을 자세히 뜯어보니 음성 환자였다. 한센병을 겪은 사람은 얼굴 근육이 마비되어 움직이지 않아 제때 고친 사람은 주름이 없어 일반 사람들보다 열 살에서 스무 살까지 젊어 보인다고 하니 나보다 더 나이가 많은 '중년'일 수도 있었다.

  한때 6,000명이 넘던 환자가 600여 명으로 줄었고, 또 그들의 평균 연령이 73, 4세라니까 얼마 안 가 나환자촌은 환자 수 제로로 되다 폐쇄될 것이다. 군(郡)에서는 소록도에 호텔도 짓고 유락단지로 만들고 싶어 하고 환경단체에서는 노인을 위한 시설을 만들라고 한다는데 나는 그냥 자연이 사는 빈 섬으로 만들어 낮에만 사람들이 들락날락하게 하면 좋겠다고 생각했다.

  환자들의 고장답게 모두가 기독교인이라고 했다. 물론 교회와 성당이 여럿 있었고 야외에 세워진 고뇌의 십자가상과 젊은 어머니 같은 마리아상도 몇 있었다. 그런 속에 원불교당이 하나 끼어 있었다. 언젠가 원불교 봉사단이 와서 구호 활동할 때 태어난 신자가 하나뿐이지만 포교당을 운영한다고 했다. 얼마나 귀여운 곳인가? 그곳 중앙공원은 규모는 작았지만 내가 본 바깥세상 어느 공원보다도 더 정갈스러웠다. 바오로 2세가 다녀갔다는 비가 서 있고, 대표적인 한센병 환자 시인 한하운의 시비도 울창한 나무들 앞에 수평으로 앉아 있었다. 그리고 다른 곳에서는 보기 힘든 나무와 꽃들이 제대로 가꿔진 모습으로 서 있었다. 무의식과 선입견이 그처럼 오랫동안 심어준 죽음 같은 건 전혀 보이지 않았다. 방문을 끝내고 배를 타고 건너와 저녁 먹으려 들른 녹동항의 유치하게 울긋불긋 빛을 내뿜는 네온사인들이 오히려 죽음의 고장 입구처럼 보였다.

*

　11년 전 가을 11월 15일, 반년간의 방문교수로 버클리대학 근처에 살고 있던 나는 LA 부근에 있는 빅 베어(Big Bear) 산장에다 교포 문학인들이 마련한 문학 강연에 초청받았다. 바로 얼마 전 지갑을 잃어버려 고국의 카드사들에 장거리 전화를 하고 새 카드 신청을 하느라 난리를 친 후 아직 카드들이 제대로 구비되기 전이었다. 다행히 여권은 아파트에 두고 다녔기 때문에 항공여행에는 지장이 없었지만. 산장에서는 금주라고 하길래 등산용 술병에 스카치를 담아가지고 간 것이 비행기가 고공에 오르자 새서 짐이 온통 향기로 가득 찼다. 빅 베어 가는 승용차 트렁크에 실으니 차 전체가 술의 향기였다. 당시 LA 문인회 회장으로 있던 오문강 시인이 자기가 술을 잘못 쏟아서 그렇다고 무마해주었지만 지갑 분실부터 무언가 이가 잘 안 맞는 듯한 여행의 시작이었다.

　강연이 끝나고 다음날 문인들의 작품들을 손보아주고 LA 시내로 갈 때까지 무슨 앙금 같은 것이 마음에서 가라앉지 않았다. 그러나 오문강이 캘리포니아와 네바다 접경지역에 있는 '죽음의 계곡(Death Valley)'으로 1박 2일의 여행을 하도록 예약을 해둔 것이 마음의 색채를 바꾸어주었다.

　17일 새벽 5시 30분 그곳 수필가 석상길 씨가 차를 몰고 와 호텔을 출발해서 '죽음의 계곡'으로 향했다. 모하비 사막을 뚫고 가는 길은 단조로웠지만 표고 5,000미터 가까운 휘트니 산이 만년설을 이마에 없은 채 계속 우리를 따라왔다. 이윽고 죽음의 계곡에 들어가 기괴한 사연을 지니고 있는 '스카티즈 성(Scottys Castle)'을 보고 바람에 따라 이리저리 옮겨 다닌다는 커다란 모래 둔덕들을 만나고 사막 계곡의 오아시스라고 할 '용광로 크리크(Furnace Creek)'에 가서 예약한 랜치에 머물었다.

  조금 이운 달이었으나 달빛이 하도 좋아 잠을 이루지 못하고 세 번이나 차를 타고 나가 달구경을 했다. 하늘이 워낙 맑아 참으로 오랜만에 제대로 분명히 모습을 갖춘 은하수를 보았다. 오리온을 비롯한 성좌들도 세상 그 어느 곳보다도 뚜렷했다. 사막은 사람을 단순하게 만들고 그의 의식을 비우게 해서 모든 일과 사물의 요철을 뚜렷하게 만든다. 그래서 성자들이 스스로 사막 속으로 들어간 게 아닌가.

  다음날 산들이 둘러싸고 있어 늦은 동이 트기 전 어둠 속을 빠져나가 야영장에 들러 라면과 커피를 끓여 먹고 마시고, 속리산 말티재보다 몇 배 더 길고 더 구불구불한 도로를 한참 돌아 '단테의 시야(Dante's View)'에 올랐다. 우리보다 먼저 도착한 많은 사람들이 아래를 내려다보고 있었다. 1,669미터의 산정에서 마이너스 95미터의 소금밭을 내려다보는 것은 기이한 경험이었다. 왜 단테의 이름을 빌렸을까?『신곡』가운데도 가장 유명한「지옥편」을 쓴 단테, 그러나 그가 저 밑바닥에서 은은히 빛을 발하는 소금 모래밭을 지옥이라고 했을까? 이 여행을 끝내고 바로 쓴 시「죽음의 골을 찾아서」의 한 구절을 읽어보자.

헐떡이는 차를 몰아
죽음의 골이 발아래 내려다보이는
'단테의 시야'에 오른다.
정상 1700미터
내 몸이 선 곳과 건너편 흰 눈을 쓴
3000미터 파나민트 연봉(連峰) 사이에
해저 95미터의 드넓은 소금 골이 펼쳐져 햇빛을 받고 있다.
저 빛, 어떤 물감도 거부하는
무명(無明)의 빛!
단테가 이 자리에 온다면
저 밑 저 찬란한 소금 골을 지옥으로 볼까?
저 차고 단단한 빛을?
차라리 몇이 터질까 두려워하는 인간들이 매달린
이 정상을 지옥으로!

골을 향한 정상 언저리에 여기저기 모여 밑을 내려다보고 있는 사람들, 나처럼 지갑을 잃거나 무언가 원하는 것이 제대로 이루어지지 않은 사람이 대부분일 인간들이 매달리듯 모여 서 있는 곳이 오히려 지옥의 언덕 같았고 저 밑에 하얗게 빛나는 소금 골이 오히려 천국의 빛 같았다. 단테가 이곳에 왔다면 적어도 천국을 물리적으로 지옥의 위에 두지는 않았으리라는 생각이 들었다.

   빨강 초록 검정 물감 등 색색의 둔덕이 모여 있는 황홀한 '자브리스키 포인트'를 거쳐 돌아오는 길에 옮겨 다니는 모래둔덕을 다시 거치게 되었다. 두 번째 만나보니 나도 모르게 새 생각이 우러나고, 거기서 삶의 움직임을 발견하게 되었다. 시에서는 체험을 재조립하는 과정에서 죽음의 골짜기에 들어가며 먼저 만난 순서를 살려서 '단테의 시야' 부분 앞에다 놓았다.

    도로가 해발 0미터 아래로 낮아지고
    바람도 들어와선 길을 잃는다.
    선인장은 없고
    큰 공 모양의 사막낙가새 드문드문 꽂혀 있는 땅 위로
    서로 모습 다른 모래 둔덕들이
    그냥 서 있지 않고 계속 흐르고
    겉으로 보면 흐르지 않아도
    가만히 들여다보면 흐름이 보이고
    죽음이 느껴지지 않는다.
    까마귀 몇 마리 낮게 날고 있는 저 하늘 아래
    언젠가 나도 계속 옮아다니며 모습을 바꿀 수 있게 된다면!
    바람도 들어와선 길을 잃는다.

오히려 바람에 따라 자연스레 몸을 움직이며 새로운 모습을 획득하곤 하는 모래 둔덕의 변모가 내 삶의 기조가 되었으면 하는 생각을 하게 된 것이다. 다시 말해서 '죽음의 골짜기'에서 삶을 발견하고 돌아온 것이다. 그곳 이름은 완전한 죽음을 상기시키지만 삶이 숨쉬지 않는 죽음은 없었던 것이다.

*

 이 세계가 존재하는 한 삶과 관계를 완전히 끊는 죽음은 없다. 삶에 값하지 못하는 그런 죽음이 있을 뿐이다. 과거의 많은 죽음이 현재의 삶을 만든 것처럼 현재의 죽음이 미래의 삶을 만드는 것이다. 자신의 삶에 값하는 죽음을 맞으려면 적어도 자신의 목숨보다는 더 의미 있는 것을 가지고 살다 죽음을 맞는 게 좋다.
 최근에 음반에 끼어 있는 해설 소책자를 읽고 알게 된, 자신의 목숨보다 더 귀중한 무엇을 가지고 살았던 사람을 하나 소개하며 이 글을 끝내기로 하자. 그 사람은 바이올리니스트 그루미오와 함께 모차르트 바이올린 소나타 연주의 정상이 되었던, 그리고 모차르트의 협주곡과 슈베르트의 소나타, 그리고 슈만의 피아노음악 연주의 한 경지를 이루었던, 피아니스트 클라라 하스킬이다. 원래 체질이 약한데다 척추가 휘는 병 등으로 해서 도중에 몇 해씩 연주 중단도 있었지만 언제나 음악에 대한 열정이 다시 그네를 연주장과 녹음 스튜디오로 돌려보내곤 했다.
 1960년 사망 전 10년은 하스킬의 전성기였다. 그해 12월 그네는 벨기에 출신 바이올리니스트 그루미오와 듀엣을 연주하기 위해 동생 릴리와 함께 벨기에 수도 브뤼셀로 왔다. 며칠 동안 절찬을 받으며 연주하는 도중, 기차역의 가파른 층계에서 굴러 떨어져 머리를 크게 다치고 의식을 잃었다. 병원에서 다시 의식을 잃기 전 잠시 정신을 차린 그네는 릴리와 파리에서 급히 불려온 둘째 동생 쟌느에게 다음 날 연주를 같이 할 수 없게 되어 미안하다는 말을 그루미오에게 전해 달라고 말했다. 그리고는 두 손을 내밀고 희미한 미소를 띠우며 말했다. '그래도 나는 이 두 손을 다치게 하지는 않았어!'

그 손이 지금 전축에서 모차르트의 협주곡을 가볍고 또 힘차게, 그리고 간절하게 속삭이듯 치고 있다. (2008)

| 2부 |

보헤미안

선기(禪機)

우리나라에 제대로 번역된 『육조단경』이나 『임제록』이 없던 시절이 있었다. 20여 년 전, 주로 유교 아니면 기독교 또는 서구 시민윤리의 기호(記號)를 가지고 세상을 보던 글 쓰는 사람들 사이에 어느샌가 선(禪)에 대한 관심이 고조되어 있었지만 정작 읽을 책이 없었다. 다른 것은 몰라도 호기심만은 남에게 지지 않던 나는 마침 미국에서 지눌(知訥)을 전공하고 귀국한 심재룡 선생이 같은 대학 철학과 교수로 들어온 것을 기화로 비록 영어로 번역된 것이지만 그의 선(禪) 서적들을 빌려 읽을 수 있게 된 것은 행운이었다. 그때까지 나는 독일어 아닌 영어로 건성건성 읽은 니체 정도를 읽은 것을 가지고 유교나 기독교의 도그마들을 살펴보고 있었다. 처음에 빌린 것이 3권으로 된 『벽암록』이었다고 생각된다. 100칙이나 되는 이 책에는 이해 안 되는 대목도 많았으나 어떤 것은 일거에 세상의 거품을 쓸어담는 쾌

거를 보여주곤 했다. 예를 들면 제27칙은 운문의 '체로금풍(體露金風)'으로 유명한 일화이다. 얼마 후에 구입한 현암사의 『벽암록』에는 다음과 같이 번역되어 있다.

> 여기 재미있는 이야기가 있다. 한 중이 운문을 찾아와 '나뭇잎이 시들어서 떨어지면 어떻게 됩니까?' 하고 묻자 운문이 대답했다. '나무는 앙상한 모습을 드러내고 천지에 가을바람만 가득하지.'

지금도 별것 아니지만 그 당시는 더 형편없었던 한문 실력을 영어 번역으로 보충하고 읽어본 것은,

> 한 중이 운문에게 물었다. '나무가 시들고 잎이 떨어지면 어떻게 됩니까?' 운문이 말했다. '금빛 바람 속에 몸통을 드러내게 되지.'

번역을 할 때 앞의 경우처럼 내놓고 풀어쓰는 것을 별로 좋아하지 않는다. 사람들은 의역이라고 옹호하기도 하지만 의역은 결국 게으른 번역이다. 잘못하면 헤밍웨이와 포크너를 같은 스타일로 번역하게 되는 것이다. 게다가 운문은 글자 단 한 자로 대답하는 일자관(一字關)으로 유명했던 선승이다. 가능한 한 그의 선풍(스타일)에 가깝게 번역하는 게 예의일 것이다. 그 중은 세상의 모든 욕심과 번뇌를 떨쳐버린 자의 상태를 가을날 잎을 모두 떨구고 가지와 몸통이 마르는 잎갈이 나무로 비유하고 그 상태의 실체를 묻고 있다. 그러자 운문은

나무의 비유를 그대로 따르며 벗은 몸통을 금빛 바람에 드러내논 나무가 되지, 라고 대답하는 것이다. 중의 물음에 서글픈 어조가 약간 들어 있는 것은 자기가 바로 욕심과 번뇌를 떨쳐버린 상태의 존재라고 말하고 있으나 자신이 없었기 때문일 것이다. 운문의 대답에는 그런 것이 없다. 욕심과 번뇌를 떨친 존재에게는 세상의 모든 것이, 특히 곡식을 금빛으로 익게 하는 가을바람이, 금빛 바람인 것이다. 운문의 대답에는 하늘과 땅과 그 안에 부는 바람 모두가 들어 있고, 질문한 중의 어조와 달리 삶에 대한 긍정과 그 긍정을 뒷받침하는 자연의 운행이 들어 있다. 나는 이 글을 익힌 후 마음 고통이 심할 때 그 고통을 일으키는 걱정만 버리면 '금빛 바람' 속에 들어가겠구나 하고 마음을 진정시킨 적이 몇 번 있다.

　『벽암록』다음엔『육조단경』그리고『무문관』을 읽었다. 아니,『조주록』을 먼저 읽었던가? 확실치 않다. 여하튼 그러다 보니 어느샌가 괜찮은 우리말 번역도 늘어나기 시작해서 얼마 전부터는 선이 누구나 접할 수 있는 흔한 것이 되었다. 나 말고도 주위에 선 서적을 꽤 많이 읽은 사람들이 적지 않다. 그러나 결국 선에 대해 대단한 지식을 쌓는다 해도 실질적인 선 수련에는 당하지 못한다는 내 생각에는 예나 지금이나 변함이 없다. 선 서적 백 권 독파가 진짜 용맹전진 한 번에 못 미치는 것이다.

　연전 늦여름 부산 문인들이 나에게 여행 기회를 주어 김해 무척산 기슭 저녁 부슬비 뿌리는 야외에서 강연을 하고 시낭독회를 경청한 후 소주로 서로의 회포를 나누었다. 그 다음날 최영철 문일근 김성배 들과 함께 삼랑진 만어사에 올랐다. 두세 번째 가는 절이 아닌 오랜 만에 처음으로 가보는 절이었다. 높이 670미터의 만어산 9부 능선에 있는 절을 향해 차로 구불구불 올라가며 보는 밀양강과 낙동강의 경치가 그만이었다. 뿐인가. 절 앞마당 바로 밑에까지 셀 수 없이 많은 큰 바위들이 조그만 풀꽃들을 데리고 떼 지어 살고 있었다. 조그만 돌로 두드리면 아무런 대답 없는 바위도 있었고, 응답하는 바위는 아주 맑은 종소리를 내곤 했다.

 그 절 주지가 재미있었다. 같이 다니며 방금 세우고 있는 건물의 방위며 모양새머를 설명하는데 괜찮은 심미안이 엿보였다. 말을 좋아하는 그가 해준 여러 이야기 가운데 하나, 재치 있고 신나게 술 마시는 법이 있다. 술을 마시고 싶을 때 그는 십만 원짜리 수표 한 장을 몸에 지니고 아랫마을로 내려가 술집에 들러 방 하나를 치우라 이르고는 술과 안주를 실컷 마시고 먹고 나서 그냥 가시라는 것을 수표를 주며 거스름돈은 그냥 두라고 하고는 돌아온다는 것이다. 그러면 며칠 후 틀림없이 그 수표는 시주의 형태로 그에게 다시 돌아오게 되어 있다. 얼마 후에는 다른 마을 술집에 가도, 같은 결과가 반복되는 것이다. 그가 오래 용맹정진한 적이 있는 중이었고 그 분위기가 나에게까지 풍겨오지 않았다면 나는 틀림없이 그를 이즘 심심찮게 만나게 되는 땡중의 하나라고 생각하고 속으로 혀를 차며 절을 떠나고 그냥 잊어버렸을 것이다. 대화 속에서 그는 불교나 선에 대해서 많이 알고 있는 것 같지는 않았으나, 세상일에서 손을 턴 것 같은 분위기가 그를 살리고 그 절을 살리고 있었다. 절도 절이지만 그 때문에 시를 한 편 썼다.

삼랑진 만어사 물고기 바위들

차곡차곡도 아니고
아무렇게나 널브러진 것도 아닌
혼자 사는 너럭바위도 아니고
언덕 아래로 함께 굴러내리는 몽돌들도 아닌
그런 삶을 본 적이 있는가?
한 골에 그냥 모여 살고 싶어서
모여 서로 몸 비비며 살고 싶어서
만어산 9부 능선까지 만 마리 물고기가 기어오르다
저 멀리 낙동강 가을 물빛이 불렀던가
한번 모두 뒤돌아보아
소금 기둥 대신 바위들이 되어
두드리면 생각난 듯, 잘들 있지? 종을 치고
두드리지 않으면 달개비 구절초와 함께 질펀히 살고.
일부러 일으켜 세우려 들지만 않는다면
누구나 저도 몰래 주지(住持) 되어 만나고
다음 순간 손 털면 종 소리
손 턴 종 소리.

시늉만 하는 용맹정진이 어디 없겠는가마는, 수련이 앎에 앞서는 것이 종교의 특징이며 핵심이다. 중이 술을 마시다니 하고 고개를 돌릴 사람도 있겠지만, 수도하는 도중이 아니라면 카톨릭 신부들처럼 스님들도 내놓고 술을 마실 수 있게 했으면 좋겠다. 둘 다 인간의 높은 경지를 위해 모든 것에서 손 턴 존재들이 아닌가. 삼랑진만을 목표로 시간과 품을 내기 힘들어서 그렇지 언젠가 그를 다시 만나 그날 못 하고 헤어진 술 한잔 같이 하고 싶다.

2000년 가을 대산재단에서 〈경계를 넘어 글쓰기〉라는 표제를 걸고 국제문학포럼을 연 일이 있다. 나는 「동서양 틈새에서 글쓰기」라는 제목으로 발표를 했고, 그 내용 가운데 선 이야기는 아주 작은 분량밖에 안 되었는데 질의자 가운데 하나인 시인 최승호가 '중국 선의 5가 7종 가운데 어느 종을 가장 좋아하며 그 이유는 무엇인가?'라는 질문을 했다. 프랑스 시인 자크 루보가 같이 발표를 하고 동시통역으로 질문을 받고 대답을 하는 자리인데 갑자기 동양 선, 특히 중국 선의 계보에 대한 질문이 나온 것이다. 아마 최승호 씨는 나에게 지식 자랑을 할 기회를 주기 위해 그 질문을 일부러 골랐을지도 모른다. 아니면 서양 사람들에게 우리 정신에 선이 얼마나 중요한 위치를 차지하고 있는가를 확인시키기 위해서였을 것이다. 그러나 그때 나는 상황에 맞지 않는 질문이라고 느꼈고, 그에게 다시 한 번 물어보라고 했다. 그가 질문을 다시 반복하자 나는 대답했다. '내 대답은 이렇습니다. 중국 선의 5가 7종 가운에 어느 종을 가장 좋아하며 그 이유는 무엇인가?' 내 '선적인' 대답에 자크 루보가 이어폰으로 동시통역을 들으며 크게 웃는 모습이 보였다.

　최승호 씨가 과거에 목숨을 걸고 정진한 과거가 있는 사람이라면 질문 어느 구석엔가 그 흔적이 남아 있었을 것이고 그랬다면 나는 그렇게 그럴듯한 '선문답'을 할 수 없었을 것이다. 그러나 그의 선이나 나의 선이나 주로 책을 읽고 배운 책상물림 선이고, 그것은 상당 부분 수능시험 영역에 속하는 것이다. 그래도 국제 포럼인데 수능시험 차원의 문답이 오가서야 되겠는가.

　사실 중국의 5가 7종 가운데 어느 것을 가장 좋아하는가는 언젠가는 꽤 분명했는데 그 포럼이 있기 몇 년 전부터 확실치 않게 되어 있었다. 처음엔 말에 날이 서 있는 어떻게 보면 가장 '문학적인' 운문종을 좋아했다. 그러나 점차 행위가 말에 우선하는 임제종에 마음이 끌렸고, 그 후에는 원숙한 인간의 냄새가 절로 풍기는 조주(趙州) 쪽으로 마음이 기울어졌다. 그런데 조주는 '조주종' 같은 종파를 이루지 않은 선승인 것이다. 최승호 씨가 큰 선기(禪機)를 가진 사람이어서 내가 '학문적인' 응답을 하려고 했더라도 그런 사실을 어떻게 선을 모르는 사람들이 많은 회의장에서 간명히 답할 수가 있었겠는가. 지금 나는 선의 모든 종파는 같은 뿌리에서 나온 것이고, 종마다 약간씩 다른 점이 있으나 그건 속해 있는 사람들의 차이, 무시할 정도의 차이라고 생각하고 있다. 선은 선이지, 예컨대 『벽암록』을 지은 원오가 속해 있는 임제종 양기파의 선이 가장 나은 것이냐 아니냐의 구별에는 관심이 없는 것이다.

니체의 '초인'과 선의 '깨친 자' 사이의 유사함이 오래 전부터 논의되고 있다. 둘 다 우상 파괴적이고, 니체가 서구의 형이상학과 결별하고 있는 삶 그대로의 영겁반복으로 돌아간 것이나 복잡했던 당시 불교의 형이상학을 벗어나 선이 그냥 있는 삶을 긍정한다는 점에 있어 둘은 유사하다. 니체의 영겁반복을 견딜 수 있는 '힘을 가지려는 의지'(일본 사람들은 '권력의지'라고 번역하기도 하지만) 획득이나 선의 '깨침'을 얻기 위한 수련이나 다 허무와의 대결이다. 니체의 초인은 초절(峭絶)한 개인인 데 반해 선은 종교여서 선맥(禪脈)을 중요시하는 데 차이는 있지만, 선에 종파가 많아도 그들은 서로 상종한다. 운수 행각을 할 때 선승들은 종파를 따지지 않고 고승들을 방문하여 대화를 하고 서로 선기(禪機)를 견준다. 때로 자신 밑에서 깨치지 못하는 제자를 자신과는 다른 종파의 선승 밑에 보내 깨치게도 하는 것이다.

 선이 도교의 영향을 받기는 했으나 여하튼 불교의 전통 속에 있는데, 니체도 아버지가 목사였던 기독교의, 그것도 개신교의 전통 속에 있다고 할 수 있다. 절대자에 대한 공포와 그 절대자에게서 벗어나는 환희가 언제나 따라다니는 것이다. 그에 비해 선에는 처음부터 절대자는 없고 특히 우리나라에서 지배적인 간화선에서는 언어이면서 동시에 언어가 아닌 화두(話頭) 하나와의 몇 년에 걸친 싸움이 전제되는 것이다. 깨침이라는 것도 결국 평상적으로 인간적인 자신으로 돌아오는 깨침이다. 선종 초기에 우두(牛頭) 법륭스님이 4조 도신스님을 만나 깨치기 전에 혼자 수도할 때 날짐승과 길짐승이 몰려와 인사하고 같이 놀곤 했는데 일단 깨치고 난 후에는 오히려 어느 하나도 가까이 오지 않았다는 에피소드는 그 사실을 잘 보여주고 있다. 평상으로 돌아간 인간에게 새들이 날아와서 같이 놀아줄 리가 없는 것이다.

『벽암록』에는 뛰어난 선사 남전(南泉)이 고양이를 한칼에 두 동강 내는, 불교도로서는 이해가 힘든 공안(公案)이 나온다. 이 공안은 제63칙에서 제64칙으로 연결되는 형식을 취하고 있다. 첫 칙을 번역하면,

> 어느 날 남전의 도량에서 동서 양당의 중들이 고양이 한 마리를 가지고 서로 자기 것이라고 다투고 있었다. 남전이 그걸 보고 고양이를 번쩍 들고 말했다. '누군가 한 마디 하면, 이걸 죽이지 않겠다.' 아무도 한 마디 못 했다. 남전은 고양이를 두 동강 냈다.

불교도가 아니더라도 이해하기 힘든 살육이다. 오랫동안 논란이 많았으나 아직도 남전의 행위에 대한 시원한 대답이 없다. 아마 깨치기 위해서는 모든 것을 한칼에 두 동강 내어야 한다는 것을 구체적으로 보여준 공안이라고 하는 것이 가장 그럴싸한 해석일지도 모른다. 다음에 이어지는 64칙을 번역하면,

> 조주가 오자 남전은 앞 이야기를 하고 자네 같으면 어떻게 했겠느냐고 물었다. 조주는 즉시 짚신을 벗어 머리에 얹고 나가버렸다. 남전이 말했다. '자네가 있었다면, 고양이를 구했을 텐데.'

조주가 짚신을 벗어 머리에 얹은 행위에 대해서도 논란이 분분하다. 앞 칙의 남전의 행동이 철저한 부정임에 반해 조주의 행동이 철저한 긍정이라는 등등. 그러나 우리는 그것을 논리적으로 해석해야 할 의무는 없다. 나도 『풍장』이라는 연작시에서 머리에 짚신을 얹는 일을 논리를 벗어나는 무상(無償) 행위의 에피소드로 쓴 적이 있다. 언젠가 한 중이 조주에게 '달마가 서쪽으로 온 이유는 무엇입니까?' 물었을 때, 그는 '앞뜰의 저 잣나무이니라'고 답했다. 그 질문을 받았을 때, 다른 이유는 없이 그 잣나무가 눈에 띄었기 때문에 조주가 그린 답을 했을 확률이 크다. 이번 경우엔 아마 그 현장에서 조주가 신고 있던 짚신이 땀에 젖어 냄새가 마음에 걸렸거나 눈에 띄게 해어져 있었을 수도 있을 것이다. 기여폐사(棄如敝屣) 즉 '헌신짝처럼 버리다' 같은 생각은 중국에도 있는 것이다.

　조주에게도 말을 가지고 고양이를 살릴 도리는 아마 없었으리라. 조주가 앞 칙의 그 자리에 있었다면 아마 재빨리 남전의 손에서 고양이를 빼앗아버렸을 가능성이 크다. 남전이 '누군가 한 마디 하면……'이라고 했을 때 그는 이미 선승들의 깨침까지 포함해서 생사의 문제가 말에 달려 있지 않음을 구체적으로 보여주려고 했을지도 모른다. 조주가 짚신을 머리에 얹고 나가버린 것은 그 문제의 해결이 말이나 논리에 달려 있지 않음을 구체적인 행동을 동원해서 단적으로 보여주고 있다고 할 수 있고, 남전은 조주의 그 행동을 인정하고 있는 것이다. 아니다. 문제는 그렇게 간단하지 않다. 지금 남전의 손에는 한칼에 고양이를 두 조각낸 날카로운 칼이 들려 있는 것이다.

고양이를 빼앗으려다 상처를 입거나 목숨을 잃을 각오가 되어 있어야 하는 것이다. 선에는 위험을 무릅쓰는 정신이 전제로 따른다.

  선을 신비화시킬 필요는 없다. 오히려 선에서는 그냥 산다는 일 자체가 신비일 수가 있다. 후에 주자(朱子)한테서 선이 부모도 모르는 불효의 사상이라고 호된 '꾸중'을 듣게 한 선사 임제의 저 유명한 가르침, '부처를 만나면 부처를 죽이고, 조사를 만나면 조사를 죽이고, 나한을 만나면 나한을, 부모를 만나면 부모를 죽여라'는 사실 특별한 주문이 아닐지도 모른다. 예수도 자기를 따르려면 세상의 모든 것을 버리라고 하지 않았던가. 임제가 임제종 선승답게 좀 과격하게 표현했을 뿐, 부모를 죽이거나 조사를 죽인 선승의 기록은 없는 것이다. 단 임제의 이 부분을 읽을 때 한마디 덧붙이고 싶은 것이 있다. '너를 만나면 바로 너를……'   (2002)

선(禪)과 니체

　추억은 싹터 자란 기억이다. 10여 년 후에 다시 올라가본 부석사 건물들의 위치가 그동안 마음속에 간직해 온 부석사와 다르다고 당황할 필요는 없다. 부석사를 좋아하는 바람에 자기도 모르는 사이에 부석사의 새 설계자가 되어 건물들을 조금씩 자기 마음에 들게 재배치했을 것이다. 무거운 입자(粒子)들이 되어 떨어지는 겨울 햇빛을 더 편안히 받게 하기 위해 무량수전을 안양문에서 더 띄워 놓았을지도 모른다. 아니면 그날 함께 간 사람을 무량수전이 제대로 보이는 가장 좋은 공간에 한번 서 있게 하기 위해 건물들의 각도를 조금씩 바꾸어놓았을 수도 있다.
　한번 싹튼 기억은 우리가 분재를 하려고 병신을 만들지 않는 한 자신의 필연에 따라 자란다. 니체의 추억도 마찬가지이다. 일단 관심을 가지고 싹을 틔우고 나니 그 후 틈틈이 끼어든 새 사실과 생각들을 비료로 써서 그 싹은 내 의도와 상관없이 자라 새 모습을 만들었던 것이다. 사실 내가 대학 1, 2학년 때 만난 니체의 실체가 무엇이었는지는 새로 섞인 것들과 얽혀 있어서 확실치 않다. 부석사라면 다시 올라가보면 일단 해결되겠지만 인간이 어디 건물인가. 그리고 지금 보는 부석사가 처음에 본 부석사와 꼭 같다고는 또 어떻게 단언할 수 있겠는가. 10여 년 동안에 부석사를 보는 나 자신이 변했는데.

 선(禪)을 앞글 「선기(禪機)」로 마감하고 새로 쓸거리를 찾아 오래 전에 만난 니체를 다시 만나려 하니, 언제부터인가 마음이 외면하고 있다. 왜 그러느냐고 말을 걸어보니 대답은 없고 뭐 잘 알면서 그러느냐는 표정이다. 그렇다. 여행보다는 연륜이 짧지만 그래도 지난 20년간 상당한 관심을 가지고 살아온 선을 단 한 글로 마감한다는 것이 내키지 않는 것이다. 그렇다면 선의 세계에서 나에게 가장 깊은 인상을 남긴 선사 가운데 한 분을 더 소개하고 다음으로 넘어가기로 하자.
 그 선사는 비록 조주 임제 운문 같은 명품은 못 되지만 깨치고 나서 일생 동안 사람들의 물음이 있을 때마다 엄지손가락 하나를 번쩍 들어 질문자들을 깨치게 한 독특한 선을 행사한 구지(俱胝)화상이다. 그는 물론 선의 5가 7종이 확립되기 전에 살아 어느 종파에도 속하지 않으나, 후에 살았다 하더라도 그 어느 종파에도 넣을 수 없을 사람일 것이다. 여하튼 간화선(看話禪)에만 익숙해 있는 우리에게 선이 말의 일이 아니다, 라는 사실을 일깨워주기에 충분한 행적을 보여주는 선사이다. 그의 경우도 깨침에 앞서는 긴 수련이 들어 있기는 마찬가지이다. 그가 오랜 용맹정진을 거치지 않았다면 단지 손가락 하나만을 쳐들면서 일생 동안 사람들을 교화시킬 수는 없었을 것이다. 마지막에 가서도 그는 '나는 천룡에게서 배운 손가락 하나 쳐드는 선을 평생 썼어도 다 못 썼다'고 말하고 숨을 거두었다.

그는 명품이 아니었다. 『벽암록』 19칙에 의하면 그는 마조 문하의 대매법상의 법을 이은 사람으로 이리저리 다니며 수련을 했으나 깨치지 못하고 작은 암자에서 혼자 살고 있었다. 그의 고된 수련이 그래도 알려졌는지 어느 날 이름난 여승 하나가 암자에 올라와 삿갓도 벗지 않고 손에 쥔 지팡이를 방바닥에 찧으면서 '무언가 한 마디 하면 삿갓을 벗겠소' 했지만 대답을 못 해 그냥 가려고 하자 날이 늦었는데 머물고 가라고 청했다. 여승은 '한 마디 한다면 머물겠소' 했지만 이번에도 그는 말문이 막혔다. 한칼에 두 동강 낼 고양이나 칼이 없는 여승은 즉시 자리를 떴다. 여승이 떠나자 자신에 대해 극도로 한심하다는 생각이 든 구지는 다음날 그곳을 떠나 한없이 방랑이나 하다가 생을 마치겠다고 생각했다. 그러나 그날 밤 꿈에 누군가 와서 도와주리라는 계시를 받은 그는 그 다음날 찾아온 같은 대매 법손인 천룡화상을 맞았다. 그가 여승한테 당한 이야기를 하자 천룡은 엄지손가락을 번쩍 쳐들었다. 구지는 홀연히 깨달음을 얻었다. 그 후로 그는 사람들이 선에 대해 무엇이라 묻든 손가락 하나를 번쩍 세워 깨치게 함으로써 많은 사람들을 교화했다. 불립문자(不立文字)라는 선의 실체를 문자 그대로 실현한 선승인 것이다.

살아 있는 진짜 정신 현상이 흔히 그렇듯이 그에게도 과격한 데가 있다. 그에게는 상좌승이 하나 있었는데 어느 날 그가 출타한 동안에 신도 하나가 찾아와 상좌에게 무엇인가 물었다. 그는 손가락 하나를 들어 보였다. 후에 구지가 돌아오자 그는 자랑스럽게 그 얘기를 했다. 구지는 곧 칼을 들어 상좌가 들었던 그 손가락을 잘랐다. 상좌가 아파 울며 도망치자 그는 상좌의 이름을 불렀다. 상좌가 뒤돌아보자 그는 즉시 손가락 하나를 번쩍 들었고 상좌는 그 자리에서 크게 깨쳤다. 여하튼 지식을 통한 알음알이가 아닌 오랜 번민과 수행 끝에 터득한 득도야말로 선의 핵심인 것이다.

위 이야기는 언젠가 운만 띄우고 남겨둔 니체, 내가 이해한 니체를 내가 받아들인 선과 서로 견주어보는 일의 전제가 된다. 물론 대학 초학년 때 독일어가 아닌, 게다가 아직 서툰 영어로 읽어서 상당한 오해가 많이 섞였겠지만, 니체는 나에게 충격으로 왔다. 기독교적인 가정 분위기와 느슨해진 성리학 풍속 속에 살고 있던 나에게 대학 입학하자마자 '위험하게 살아라!(Lebe kühn!)' 하고 다가온 목사의 아들이 어찌 충격이 아니었겠는가. 물론 그 충격은 대학을 졸업하고 대학원 1학년 1학기를 끝낸 여름 입대할 무렵부터, 다시 말해 풋 젊음이 지나가면서부터 점차 희미해졌지만, 젊었을 때의 만남은 중년의 만남과는 다르다. 니체를 만난 일은 내 정신에 큰 사건이었고 또 후에 선과의 접선을 쉽게 이룰 수 있도록 내 정신의 주파수를 미리 맞춰논 것이 아닌가 하는 생각도 든다. 지금도 니체 생각을 하면 6·25의 폐허 속에서 그래도 기독교의 코드(code)를 벗어나 '위험하게' 살려고 했던 젊은 날이 무엇인가 새 싹의 색채를 띠고 되살아나곤 한다. 그 추억이 최근 쓰고 있는 시 「젊은 날의 결」 속에

'위험하게 살아라!'
니체가 말했다.
난로 위에서 주전자 물이 노래하며 끓었다
노래로 사는 것이 가장 위험하게 사는 것,
노래 끊기면
잦아들 뿐.

마지막으로 숨 한번 푹 쉬고
물이 잦았다.

같은 구절을 낳게 했을 것이다. 다시 말해서 노래를 하면서, 장래의 전망이 불투명한 시를 쓰면서, 살려는 결심의 뒷받침이 되었던 것이다.
 동양인들이 서양 대학에 가서 쓴 철학 논문 가운데 니체와 선을 접합시키려 애쓴 것이 많다고 들었다. '신은 죽었다'와 '부처를 만나면 부처를 죽이고' 사이의 거리는 사실 그리 멀지 않다. 물론 이때 신은 절대자이고 부처는 그렇지 않지만, 불교의 핵심에서 부처는 예수의 자리를 차지할 수밖에 없을 것이다. 게다가 니체도 선도 우상파괴적 힘이고, 니체가 말하는 선과 악을 넘어선 상태는 선의 분별심 없앤

상태와 구조가 같지 않은가.

 니체의 '대변인' 차라투스트라는 예수가 본격적으로 믿는 무리를 이끌기 시작한 나이 30세가 되자 홀로 산속에 있는 동굴로 들어가 10년간 수도한다. 형식적으로 보자면 선의 용맹정진을 한 것 같지만 무언가 한참 다르다. 그의 '입산(入山)'과 하산을 묘사한 『차라투스트라는 이렇게 말했다』의 첫머리를 번역해보기로 하자. 이제는 우리말로 된 더 나은 번역판이 있겠지만, 내가 처음으로 무턱대고 읽었던 「모던 라이브러리」판 영역본을 대본으로 쓰기로 한다. 번역은 토마스 코먼으로 되어 있으며 누이동생 엘리자베트의 서문이 오빠의 반기독인적인 요소를 완화시키고 억지로라도 서구 전통의 흐름 속에 넣으려 한 안간힘을 보여주고 있는 흠이 있는 판이다. 그 누이는 니체가 정신병원에 수용된 후 미발표 원고를 정리하면서 여러 곳을 '편안하게' 고쳤다는 혐의도 받고 있다. 그리고 번역 자체에도 문제가 있다. 이 책에 따르면 니체가 정신병원에 가기 전 마지막으로 손본 책 『이 사람을 보라(Ecce Homo)』는 번호를 새로 붙인 다음 한 줄로 끝난다.

 알아듣겠는가? 그리스도에 대비되는 디오니소스……

그러나 다른 번역본과 인용들에는 모두 그리스도 대신 '십자가에 매달린 자에 대비되는 디오니소스……'로 되어 있는 것이다. 원문을 찾아보지는 않았지만 나는 후자가 더 적절한 번역이라고 생각한다. 디오니소스는 십자가에 매달려 죽지 않고 신도들에 의해 갈가리 찢겨 죽음을 당하고 그 찢긴 몸에서 부활하고, 그 일은 매년 행해져 영겁반복의 전형을 이룬다. 그 발언 뒤에는 기독교의 신은 자신이 죽지 않고 '아들'을 십자가에서 대신 죽게 한 데 반해 디오니소스 신은 스스로 찢김을 당해 죽은 신이라는 대조가 들어 있는 것이다. 그러나 젊었을 때 그 본(本)으로 처음 읽었고 밑줄을 친 바로 그 책은 어디 가고 없지만 마침 같은 본의 책이 곁에 있으니 그것을 사용하기로 하자. 어차피 독일어로 원본을 읽지 못할 바에야 그런 것은 참는 수밖에 없다.

차라투스트라는 서른 살 났을 때 집과 집의 호수를 떠나 산속으로 들어간다. 거기서 그는 자신의 생기(生氣)와 외로움을 즐겼고 10년 동안 그 즐기는 일에 물리지 않았다. 그러나 마침내 그의 마음이 변한다. 어느 날 아침 장밋빛 동이 틀 때 깨어 그는 태양 앞으로 가서 다음과 같이 말한다.

> 그대 거대한 별이여! 그대가 비치는 것들이 없다면 그대의 행복이 무엇이겠는가! 10년간 그대는 내 동굴에 올랐다. 내가, 나의 독수리가, 나의 뱀이 없었다면 그대는 그대의 빛과 그대의 여행에 질렸을 것을.

여기에는 우리가 항용 용맹정진이라고 부르는 것이 애초부터 없다. 어떻게 보면 차라투스트라는 미리 깨친 존재였고 '자신의 생기와 외로움을' 10년 동안 즐긴 셈이다. 그리고 그가 하산하는 날 아침 태양에게 하는 말도 오도송(悟道頌)이 아니다. 자신은 물론 자신의 동물인 독수리와 뱀—아마 뱀은 니체의 반(反)기독교 자세를 보여주기 위해 뽑혔겠지만, 전통적으로 독수리는 우월감 뱀은 지혜의 상징이다—이 없다면 태양 그대가 얼마나 적적했겠는가라고 말하는 것은 주로 평상심(平常心)의 뿌리로 돌아오는 선의 오도송과는 거리가 먼 것이라고 할 수 있다. 그러나 바로 그 외로움을 즐기는 일을 따라 하며 배운 덕에 나는 대학 2학년 때 『현대문학』에서 추천을 완료하고도 시인인 체 나대지 않고 여러 사람 속에 끼어 몰려다니지 않으며 대학 생활을 보냈다고 할 수 있고, 또 후에 나를 여러 문학 단체들과 거리를 두고 살게 만들었다고 생각된다. 〈문학과 지성〉 사람들과 가까운 것은 주로 인간적인 관계이고, 그들이 무슨 중요한 결정을 할 때 내가 끼어본 적이 별로 없다. 그 사실마저 〈문학과 지성사〉의 운영 자체가 2년 전에 젊은 사람들의 손에 넘어갔으니 이제는 다 지나간 일이다.

다시 줄거리로 돌아가자. 위의 차이를 인정하더라도 『차라투스트라는 이렇게 말했다』의 첫 부분과 선의 수련과 비교하는 일은 적절치 않다. 차라투스트라는 초인이 아니라 초인과 영겁반복을 가르치려는 교사요 예언자이기 때문이다. 그는 기독교의 구원 같은 데 매달리지 말고 새로운 조건 없이 있는 자신 그대로 인간에게 주어진 영겁반복을 받아들이라는 것과 그리하여 초인이 되라는 것을 비유를 달리하며 계속 설파한다. 전체적으로 파악하자면 초인보다는 있는 그대로의 영겁반복을 받아들이라는 데 더 비중을 두고 있기도 하다. 그 사실을 받아들이는 것이 초인의 전제가 되기 때문만이 아니라 서구 인간의 형이상학적인 인식 변화의 핵심이기 때문이다.

있는 그대로 영겁반복을 받아들인다는 것은 삶과 삶 뒤에 숨어 있는 '진실' 사이에서 숨어 있는 진실 쪽을 더 높게 평가하는 서구 형이상학에 마침표를 찍는 행위이다. 니체는 형이상학을 배제하고 그 자리에 존재론을 깔았다. 형이상학이 없는 존재론은 데카당 쪽으로 가든가 비극 쪽으로 가든가 둘 중에 하나가 되기 쉽다. 니체는 비극으로 갔다. 영원이 따로 없고 무한 반복되는 현존이 있을 뿐인 세계에서 일회성인 자신의 현존을 드러낸다는 것은 비극인 것이다. 선에서는 화엄학의 형이상학을 버리지 않고 묵시적으로나마 그대로 가지고 있고 따라서 선의 현존을 비극적이라고 할 수는 없다.

그러나 니체와 선의 차이는 그 무엇보다도 선의 언어도단(言語道斷)과 니체의 수사학의 차이이다. 소크라테스 이전으로 돌아가기를 원했던 니체에게는 소크라테스가 그처럼 꾸짖은 소피스트들이 느꼈던, 진리가 따로 없는 세계에서 가지는 수사학의 인간적인/너무도 인간적인 매력을 피할 수 없었을 것이다. 한편 화엄학이 이룩한 공(空)의 실체를 교학적인 변증의 번거로움이 없이 일거에 획득하려 한 선은 구지의 경우가 일면을 보여주는 불립문자를 목표로 삼게 되었을 것이다. 니체를 읽다보면 멋진 비유가 많지만 지나치게 변설을 늘어놓는다는 생각도 금할 수 없다. 그러나 오히려 바로 그 점이 니체의 뛰어남의 증거가 될지도 모른다. 선의 전성기에는 적어도 달마 이후 한참 동안의 전통이 있었고 더 오랜 노자 전통의 뒷받침이 있었기 때문에 선승들이 백지 상태의 사람들을 다룰 필요가 별로 없었겠지만 니체는 도스토예프스키의 이반 카라마조프 같은 전령사가 없었던 것은 아니지만 거의 필마단기로 당대의 시대정신과 싸워야 했던 것이다. 다시 말해 육조 혜능과 마조와 조주와 임제를 한꺼번에 살아야 했던 셈이다. 그가 정신병원에서 생을 마감한 것이 어쩌면 극히 자연스러운 결과라는 생각도 든다.

또 하나 다른 점은 선사들은 제자들에게 자신을 능가하라고 종용한다는 것이다. 적어도 선생만큼만 되려 해도 선생보다는 뛰어나야 한다는 언급이 여러 곳에 나온다. 니체에게는 그런 것이 없다. 혹시 뛰어넘으려고 살펴보면 니체-차라투스트라-디오니소스의 삼위일체(三位一體)가 완강히 버티고 있는 것이다.

선에 관심을 가지고 살다 보니 니체 이해에 선의 도움을 받게 된 것은 물론 선 이해에 니체의 도움을 받는 곳도 생기게 되었다. 선의 화두 가운데 지금까지도 사람들이 속 시원히 풀이해 보지 못하는 것 가운데 하나가 '부모가 너를 만들기 전에 너는 무엇이었나'이다. '무(無)' 화두의 구체화라고 할 수도 있고, 쉽게 풀리지 않고 한참 용맹정진하기에 알맞는 어처구니없는 화두의 대표 가운데 하나라고 할 수도 있지만, 하필이면 왜 이것인가라는 생각을 떨칠 수가 없었다. 그러다가 언젠가 옛날에 읽은 니체가 생각났다. 그에 의하면 모든 생명체는 태어날 때부터 욕망을 가지고 있고 모든 것을 있는 그대로 보려 하지 않고 자기 욕망대로 '이상적으로' 보려는 의지를 가지고 있다는 것이다. 인간은 다른 생명체보다 그것들을 더 강하게 가지고 있을 뿐이다. 따라서 '부모가 너를 만들기 이전의 너는 무엇이었나'라는 화두를 니체식으로 바꾼다면, '너는 너이되 너의 욕망과 의지가 생기기 전인 너, 또는 욕망과 의지가 극복된 너는 과연 어떤 너가 될 것이냐'가 될 것이다. 이렇게 풀이한다고 해서 용맹정진하는 데 도움은 되지 않겠지만, 인간적인/너무도 인간적인 호기심 확인에는 도움이 될 것이다.

   니체와 선을 아끼며 사는 동안 나는 과거의 자기와 결별하고 변하는 곳에 인간의 진정한 자유가 있다는 생각을 점차 하게 되었다. 니체도 선도 거듭나라고 계속 가르친다. 종교나 이데올로기처럼 도그마에 봉사하기 위해서가 아니라 삶을 삶답게 하기 위해 거듭나라고 하는 것이다. 시의 현장에서 자아가 거듭나야 한다는 나의 '극 서정 시론'도 그 생각 속에서 잉태된 것일지도 모른다. 그렇다. 과거의 자신과 결별하고 새로운 존재로 '거듭난다'는 것은 결국 인간의 영역을 넓히는 실질적인 작업이 아니겠는가. 인간의 문학이 인간의 영역을 넓히는 데 모래밭에 자라는 푸른 풀 한 포기의 도움이라도 되었으면 하는 바램에 무리가 있겠는가? (2002)

보헤미안

 무슨 회라는 이름이나 정관이 있어 의무적으로 나가는 것은 아니고 그냥 즐기러 나가는 것이지만 글 쓰는 친구들이 늘 모이도록 되어 있는 목요일 저녁 〈문학과 지성사〉에 들를 때마다 거의 매번 만나게 되는 사람 가운데 하나가 김형영 시인이다. 어느 날 젊어서 죽은 박정만 시인의 고향에 세운 시비(詩碑) 얘기를 하다가 그가 불쑥, '박정만이 우리 시에서 자리 잡게 된 것은 황 선생님이 그가 죽은 후 얼마 안 되어 그에 대해 글을 쓰고 그의 시선집 편집 및 해설을 했기 때문'이라고 말했다. 저으기 놀랐다. 얼마 전부터 박정만이 독재와 싸우다 몸을 망치고 죽은 투사로 부각되는 것을 보고 누구보다도 먼저 시선집을 만들어 해설을 써준 나에게는 그의 시와 산문이 도무지 투사의 것이 아닌데, 하고 생각해온 참이었다. 그가 소위 '한수산 사건'에 휘말려 인간적인 수모를 겪고 육체적인 고통을 겪은 것은 사실이다. 그의 시에도 그때 매 맞고 생긴 '응혈' 다스리는 얘기가 나온다. 그러나 그는 반항아의 포즈로 자신의 방랑벽을 미화하려든 적은 없다. 짧은 세월 동안 지나치게 많이 쓴 감이 있지만 그는 여러 시에서 가난과 술과 여성 벽을 한탄했지 독재에 항거하는 의지의 흔적은 거의 없다. 보헤미안답게 그는 정직했던 것이다.

그가 보헤미안이었고, 시와 술과 여자를 너무 좋아해서 일찍 죽었다고 보는 편이 더 진실에 가까울 것이다. 그의 '절명시(絶命詩)'라고 할 수 있는 뛰어난 시 「해 지는 곳으로 가고 싶다」도 몸은 비록 참담한 지상에 있어도 마음은 우주와 노는 보헤미안의 작품인 것이다.

> 나는 사라진다
> 저 광활한 우주 속으로
>
>   ― 마지막 부분

자신의 죽음을 이런 식으로 표현할 수 있는 정신은 보헤미안의 기본이다. 널리 알려진 천상병의 절명시라고 할 수 있는 「귀천(歸天)」도 그런 시이다.

> 나 하늘로 돌아가리라
> 아름다운 이 세상 소풍 끝내는 날,
> 가서, 아름다웠다고 말하리라.
>
>   ― 마지막 부분

이 두 작품 가운데 분노가 낄 틈이 어디 있는가? 이들을 키우고 죽음까지 지켜준 것은 시와 자기 파괴와 자유이지, 그리고 슬픔이지, 분노가 아닌 것이다. 그리고 그 슬픔도 절제된 슬픔이다.

나는 그때 김형영 시인의 말에 '내가 유독 보헤미안들에 약해서 그랬겠지요'라고 대답했다. 막상 대답하고 보니 맞는 말이었다. 내가 한창때 우리나라의 대표적인 보헤미안들이었던 김종삼 천상병 박용래 선생들, 모두 내가 좋아하는 시인들이었다. 체질적으로 보헤미안이 아니라서 그런지 나는 지금도 그들에게, 그들의 시에, 생물적으로 끌리곤 한다. 그런데 운명은 이상하다. 박정만까지 포함해서 그들은 하나같이 술꾼이었고 나도 그들과 함께 살 때 심심치 않게 술꾼 소리를 들었는데도 그들과 제대로 술 한 잔 나눈 기억이 없다. 그리고 박정만과 박용래 시인은 만난 적조차 없다. 아마 박정만은 서울에서 한참 동안 같은 시기에 살았으니 어디선가 수인사를 했고 만나면 눈인사쯤은 나누었겠지만, 대전에 살며 이따금 서울에 올라와 만날 사람만 만나고 내려가곤 했다는 박용래 시인은 공들여 시를 쓰고 술과 눈물을 특히 좋아하는 사람이라는 말을 들으며 언젠가 만나 한잔하게 되겠지 하다가 그만 그가 세상을 뜨고 말았다.

여하튼 내가 박정만에 대한 글을 쓰고 얼마 후 어느샌가 그가 온몸으로 군사정권과 싸우다 간 투사 시인으로 부각되어 떠들썩해지자 나는 그의 '후원자'의 역할에서 손을 떼고 말았다. 그가 항간에 알려진 그런 사람이 아니라는 글도 물론 쓰지 않았다. 불우하게 죽은 그가 과외로 투사 역을 좀 즐기면 또 어떠냐! 그런데 최근에 이윤기 씨가 박정만에 대해 내가 해야 했지만 하지 않은 얘기를 소설로 썼다. 박정만의 진면목을 보여주는 좋은 실명소설이었다. 그런 글은 이윤기 씨처럼 박정만과 절친했고 또 그에 대한 인간적인 강한 애정이 있는 사람의 글이어야 더 진실이 드러나고 빛나는 것이다.

  위의 보헤미안들 가운데 그래도 가장 여러 번 만나뵌 분이 김종삼 선생이다. 지금은 거창한 동화 면세점 건물이 된 광화문 국제극장 뒷골목에 있던 아리사 다방(후에 아리랑 다방으로 이름을 고침)은 교통이 편리해서 내가 이따금 사람들을 만나는 곳으로 쓴 다방이었고 김종삼 선생도 비슷한 연유에선지 자주 들르는 곳이었다. 다방 같은 곳에서 누가 있나 자세히 주위를 살피는 성미가 아닌 나는 처음 얼마 동안은 그가 그곳에 자주 들르는지도 몰랐다. 그러던 어느 날 그를 발견하고는 인사를 하고 그 후 만날 때마다 허리를 굽히며 지나치곤 했다. 선생도 나를 알아보았는지 처음부터 인사를 반갑게 받아주었고, 후에 두어 번 같은 탁자에서 차를 마신 것으로 기억된다.

  신군부가 들어서며 『문학과 지성』이 폐간되기 조금 전, 내가 추천한 김종삼 선생의 시가 그 계간지에 재수록되어 내가 그의 시에 대한 평을 맡게 되었다. 글을 쓰려고 작품을 자세히 읽다보니 점점 더 좋아지는 바람에 「잔상(殘像)의 미학」이라는 꽤 정성들인 글이 되었다. 그 잡지가 나온 며칠 후 아리랑에 들렀을 때 선생이 내가 혼자 앉아 있는 다탁 앞자리에 일부러 와서 앉았다. 그리고는 느닷없이 감사하다고 했다. 왜 그러시냐고 했더니, 내가 이번에 『문학과 지성』에 쓴 글 때문에 그런다고 했다. 그가 말한 바에 의하면 자기가 일찍 은퇴하여 돈을 벌지 못하고 빌빌대는 것을 보고 사위가 딸한테 늘 너의 아버지는 거지라고 했는데, 얼마 전 내가 쓴 글을 읽고는 네 아버지가 정말 괜찮은 시인이시구나라고 했다는 것이다. 다시 말해 내가 처음으로 사위에게 딸의 체면을 세워주었다는 것이다. 자기도 찾아 읽었는데 참 잘 쓴 글이라고 했다. 칭찬 들으면 곧잘 부끄럼타는 나는 여행 때 외에는 낮술을 안 함에도 불구하고 밖에 나가서 한잔하시지 않으시겠느냐고 했다. 그는 그러나 조금 머뭇대다가 지금은 의사가 절대 금주를 명했기 때문에 다음에 하자고 했다. 그러지 않아도 보헤미안들이 흔히 그렇듯이 그도 술 때문에 간이 결딴났다는 소문이 널리 나 있었다.

  그 글은 얼마 후 지금도 《민음사》의 민음시선으로 계속 인쇄되고 있는 김종삼 시선 『북치는 소년』의 해설이 되었다. 확실히는 모르겠으나 아마 그 글 때문에 《민음사》 편집진이 그의 시선을 내려고 마음먹었을 공산도 있다. 물론 그 글이 아니더라도 결국 김종삼 시선은 나왔겠지만 시간이 걸렸을지도 모른다. 희한하게도 그때까지 그는 평단의 주목을 별로 받지 못하고 있었던 것이다. 나는 그 글 속에서 대시민주의자와 소시민주의자들이 지배하는 당시 문학판에서 그가 무(無)시민주의자이기 때문에 그런 일이 생겼다고 진단하고, 그의 시가 지니고 있는 '여백(餘白)의 미학'을 나로서는 꼼꼼하게 살폈던 것이다. 그 글은 얼마 후 김종삼 선생이 나에게 준 시 「그라나드의 밤」의 씨앗이 되었을 것이다.

그라나드의 밤

— 黃東奎에게

드뷔시의 프렐뤼드
씌어지지 않는
散文의 源泉

내용은 솔직히 말해 잘 모르겠지만 아름답다. '내용이 없는 아름다움처럼'이란 시구가 김종삼의 작품에 있지만, 시에는 내용을 잘 모르는 아름다움도 있는 것이다. 물론 드뷔시의 프렐뤼드를 듣고 있으면 그만큼 아름다운 산문을 쓰고 싶게 된다는 뜻일 수가 있다. 나에게 그 곡을 들어보라는 말로 받아들일 수도 있고, 좀 교만한 생각을 해보면 그때 내 글이 자신이 앞으로 쓰고 싶으나 씌어지지 않는 산문의 원천이라는 해석도 나올 수 있을 것이다. 나는 지금도 '그라나드'가 확실히 어디인지를 모른다. 『프렐뤼드』 제2권 세 번째 곡 「비뇨의 문」(포도주의 문)은 드뷔시가 그 곡을 쓸 무렵 스페인 작곡가 마누엘 데 팔랴가 자기가 살고 있던 그라나다의 알암브라 궁전에 있는 문의 그림엽서를 보냈고 그 엽서가 그 작품의 동기가 되었기 때문에 그라나다의 오자일 가능성이 크다. 후에 그라나다에 가서 알암브라 궁전의 문 가운데 하나인 이 문을 직접 보니 드뷔시와 아라베스크의 황홀한 결합이었다. 오죽하면 황홀한 포도주의 문이라고 이름 붙였을까. 그에게 혹시 '그라나다'의 오식(誤植)이 아닌가 묻고 싶었으나 술자리를 한 번도 같이 하지 못하는 바람에 못 하고 말았다. 오자 추궁 같은 그런 질문을 보헤미안에게 멀쩡한 정신으로 하는 게 아니다. 혹시 첫 행 '프렐뤼드'의 끝 음절과 소리의 울림을 맞추기 위해 '다'를 '드'로 한 것은 아닐까? 게다가 다음 두 행은 다 'ㄴ'의 울림으로 끝나지 않는가!

  그 후 몇 번 그를 만났을 때 나는 시간을 낼 만한 형편이면 빠짐없이 한잔하시자고 제안했고 그때마다 그는 간과 의사 얘기를 하며 피했다. 그러다보니 그는 여러 사람에게 술값을 달라는 손을 내밀어 악명이 높았으나 나에게는 한 번도 손을 내민 적이 없다는 것을 깨닫게 되었다. 아마도 나 하고 처음 술을 마실 때는 자신이 술값을 내려고 작정하고 그때 돈이 수중에 있기를 기다렸으나 나를 만날 때마다 주머니가 비어 있었을지도 모른다. 언젠가 다방에서 헤어진 후 버스 정류장에서 버스를 기다리는 그를 먼발치에서 보게 되었는데, 그는 신문지로 싼 술병을 들고 있었다. 나는 그의 장례식을 그린 시「점박이 눈」의 마지막 부분에 그 형상을 새겨놓았다.

    그대는 막 출발하는 버스에 매달렸다
    신문지 말아 감춘 진로병을 가슴에 안고.

                                                   —「점박이 눈」의 일부

시를 쓸 때 이 구절을 몇 번이나 지웠다 되살렸다 했다. 혹시 고인이 감추고 싶어 한 프라이버시를 캐내는 것이 아닌가 싶어서였다. 그러나 결국 나의 '진솔한' 감정을 곡해하시지는 않겠지 하고 쓰고 말았다. 여하튼 의사의 말을 핑계로 댔어도 그는 의사의 말을 제대로 따르는 환자로 알려진 적도 없거니와 그럴 자질도 없는 사람이었다. 나하고 술을 안 마신 것은, 그 무엇보다도 보헤미안의 자존심이었던 것으로 판단된다.

그의 부음이 늦게 들려와 빈소에 가볼 시간이 되지 않아 그냥 장례식에 참가했다. 장례식 날은 대단한 추위였다. 장례미사가 열리는 길음성당을 올라가려면 길음역에서 내려 지금은 헐리고 큰 건물이 들어선 허름한 길음시장 건물 곁을 지나야 되었는데 곧장 길을 오르지 않고 그 건물 안에라도 들어가 한순간 추위를 피하고 뒷문으로 나와 길을 다시 갈 만큼 추웠다. 그 건물 속 판매대에는 내 시선을 끄는 몇몇 생선들이 누워 있었고 밖에는 조의를 표하려는 듯, 물론 연탄 연기와 먼지 때문이었겠지만, 검정 테를 두른 듯한 점박이 눈이 내리고 있었다.

길음시장의 생선가게들을 지나
목판 위에서 눈 껌벅이는
(자세히 보면 껌벅이지 않는)
모두 입벌린
(한꺼번에 숨막혀 죽은)
생선들을 지나
얼어 있는 언덕을 올랐다.

점박이 눈이 내렸다.

가늘게 검정테 두르고

가운데 흰 점 박힌 눈송이들

머리와 어깨에 쌓였다.

성당 정문에서 천상병 씨 부인과 인사 나눴을 뿐

문학판 사람들은 하나도 만나지 못했다.

('그들은 그때 어디 있었는가, 오버?'

'프라이버시 침해하지 말라, 오버.')

낯선 문학청년 하나가

눈 맞은 머리를 숙여 인사를 했다.

'사진에서 뵌 선생님이시죠?

저는 김종삼 시인을 사랑한 놈입니다.

발자국을 따르다 보니 에서 그만 끝이군요.

앞으로 무슨 맛에 살죠?'

내 장례식에 혹시

이런 허황되고 멋진 청년이 올까?

(온다면 깊이 잠들기 힘들리.)

— 「점박이 눈」의 일부

여기저기 괄호가 쳐진 것을 보면, 이 시를 쓸 때 뭔가 꽤나 답답했던 모양이다. 나보다 그와 더 가깝게 지낸 것으로 알려진 사람들도 꽤 있었는데 그날 장례식에서는 눈을 크게 뜨고 보아도 하나도 보이지 않아 저으기 황당했다. 성당 문에서 천상병 선생 부인마저 만나지 못했다면 어디 다른 사람의 장례식에 오지나 않았는가 생각했을 정도였다. 그러나 더 황당한 것은 그때 처음 인사한 청년의 말이었다. 김종삼 시인은 비록 평단의 주목은 늦게 받았으나 그 누구보다도 진짜 사랑을 받고 있었던 것이다. 후에 조정권 시인이 언뜻 그 청년이 누구인가 이름을 가르쳐주었으나 잊고 말았다. 이 글을 쓰며 다시 알아보려고 전화를 걸까 하다가 익명으로 남기는 것이 더 추억다울 것 같아 그만둔다. 언젠가 술좌석에서 '그때 바로 제가……' 식으로 되어야 생으로 살맛이 나는 것이다. 그런데, 혹시 그가 장석남은 아니었을까.

보헤미안의 핵심은 물론 자기 파괴와 자유겠지만 그보다 못지않은 요소가 바로 댄디즘이다. 보헤미안에게는 교양의 멋이 있어야 빛이 난다. 바흐와 드뷔시를 포함해서 '고급음악'도 알고 모딜리아니와 마티스도 제대로 알아야 제격이다. 파이프는 물론 파이프 담배의 브랜드도 구별할 수 있고(늘 그걸 사서 피울 수 있느냐는 별문제지만), 모자도 비록 낡았을망정 족보 있는 것을 써야 한다. 이런저런 생각을 해보면 내 시대의 가장 대표적인 보헤미안으로는 김종삼 선생을 꼽지 않을 수 없다. 젊어서 작고한 김관식 씨까지 포함해서 내가 앞서 든 시인들은 모두 자기 파괴와 자유를 가지고 살았지만 댄디 끼가 적었다.

우리 역사상 괜찮은 보헤미안 시인을 하나 고르자면 물론 이상을 고를 수 있겠지만 좀더 시대를 거슬러 올라가보면 아마 김시습을 만날 수 있을 것이다. 그도 자기 파괴와 자유를 누리고 간 시인이다. 그리고 멋도 알고 간 시인이다. 부여군 무량사에 있는 그의 자화상 혹은 초상을 보라. 얼마나 댄디로 생겼으며(자화상이라면 얼마나 댄디로 그렸으며), 또 그가 쓰고 있는 멋진 몽고식 모자는 당대에 얼마나 팬시한 것이었겠는가. 아마 명품 모자였을 것이다. 자화상인지 아닌지는 모르나 자화상이라는 말이 나올 정도였다면 그의 그림 솜씨는 대단했을 거고, 당대 그림을 보는 안목도 대단했으리라. 그리고 음악도 당대 명창이나 명연주를 제대로 알아보았을 것이라는 느낌이 강하게 든다.

지난번 무량사에 들렀을 때 이해는 가지만 좀 서운한 일을 만났다. 앞서 들를 때마다 듬직하고 품위 있는 오층석탑과 아름다운 이층 건물 극락전을 보며 즐기고 천천히 극락전 뒤로 돌아 개울을 건너 조그만 산신각 속에 안치되어 있던 그의 초상을 만나곤 했다. 그런데 이번엔 새로 큰 건물을 하나 지어놓고 거기에 물론 복사품이겠지만 건물에 비해 너무 크기가 초라한 그의 초상화를 걸어 논 것이다. 큰 건물과 작은 그림의 안 어울림도 안 어울림이지만, 그를 산신령의 자리에서 몰아낸 것은 참으로 유감이다. 김시습쯤 되면 한 절의 산신령쯤으로 대우해도 되지 않겠는가. 안 된다 하더라도 보헤미안답게 커다란 부동산이 아닌 산신령의 조그만 집을 빌려 살게 하는 게 더 걸맞지 않겠는가.

물론 보헤미안들에게도 약점은 있다. 우리나라 현대 보헤미안들은 자기 파괴가 너무 소극적이다. 물론 자기 파괴가 적극적이었던 김시습에 대해서도 박지원은 「선귤당기(蟬橘堂記)」에서 친구 이덕무가 별호가 많은 것을 탓하면서 김시습도 지나치게 많은 이름과 호를 가지고 있었다고 비꼬고 있다. 이름을 아무리 여럿 가져봐야 이름을 남기는 데 도움이 되지 않을 뿐 아니라 겉멋만 드러낼 수 있는 것이다. 그 점은 현대의 보헤미안들이 더 낫다. 그들 가운데 누구가 본이름 이외에 변변한 필명을 가지고 있었다는 말을 아직 듣지 못했다. 그러다 보면 과거를 보지 않고 늙마에 미관말직을 얻어 한 박지원도 상당한 보헤미안이었다는 생각이 든다. 조그만 고을이나마 안희현을 다스릴 때 작고 아름다운 건물들을 지었고 그의 음악적인 감성은 그의 글 도처에 드러나는 것이다. 자기 파괴는 좀 적었으나 그 나름대로 문재(文才)를 갖추고 자유를 누린 댄디였던 것이다.

문재와 자기 파괴와 자유와 댄디즘을 아울러 가지고 사는 알짜 보헤미안을 이제는 찾아보기 힘들게 되었다. 아 보헤미안이구나 하고 자세히 보면 앞의 네 요소 가운에 어느 한두 부분이 크게 모자라곤 한다. 진짜 보헤미안과 근거리에서 산다면 약간 불편할 수가 있겠지만, 추상이 아닌 구체적인 대리체험을 하는 기쁨을 누릴 수 있을 것이다. 예술가치고 자기 파괴와 자유를 꿈꾸지 않는 자가 어디 있겠는가? 이미 쥐약을 정량으로 먹은 예술가가 아니라면 어찌 그 꿈에 끌리지 않을 수 있겠는가?　　　　　　　　　　　　　　　　(2002)

불타는 음악

　아마 청소년 시절에 파리나 로마는 고사하고 엉성하지만 그래도 사줄 구석이 꽤 있는 지금의 서울만 보며 성장했어도 음악을 향한 목마름은 훨씬 덜했을 것이다. 1950년대 초중반의 서울은 그야말로 폐허였다. 하늘만큼은 지금보다 맑았겠지만 온전한 건물이 3, 40채밖에 없고 나머지는 온통 폐허였던 명동을 상상해 보시라. 폐허치고도 멸망한 문명의 장엄함이 깃들어 있는 그런 폐허가 아니라 폐허 쪽으로 한 걸음만 들어가도 오물투성이인 폐허였다. 시각적인 즐거움이 없었다. 그때 베토벤이나 모차르트의 음악이 성장하고 있는 청소년의 감수성에 어떤 충격을 주었는가를 상상하는 것은 어렵지 않을 것이다. 그래서 피아노도 못 치는 한 미래의 문학도가 음대 작곡과에 가려는 '흉측한' 야심을 품기도 했던 것이다.
　내가 음악과 같이 산 세월에는 떠오르는 태양과 지는 태양이 함께 있다. 내 정신의 외양(外樣)이 주로 책과 여행에서 형성된 모습을 갖고 있다면 아마 속 무늬는 음악이 주로 만들었을 것이다. 처음부터 오디오 기기에는 관심이 적었다. 여유가 없었기 때문이기도 했겠지만, 어려서 쇠바늘로 판을 긁어 소리를 내는 유성기로 음악을 배웠고, 청소년 때는 주로 라디오 '명곡의 시간'에 길들인 귀였기 때문에, 그리고 좋은 기기를 제대로 장치할 실내 공간 자체를 과거는 물론 지금도 가지고 있지 못하기 때문에, 나는 오디오 전문가들이 80점쯤으로 칠 지금의 오디오에 이르기 위하여 기기들을 낡을 때까지 서너 번 바꾸어 가며 살아왔다. 전셋집을 옮기면서 메고 다닌 과거의 기기들은 아마 70점대의 것들이었을 것이다. 90점이 되려면 80점 오디오의 열 배의 값을 주어야 하고 90점부터는 한 점 올라갈 때마다 기하급수적으로 비싸지는 것이 오디오 매니아 세계의 계산법이다. (쯧쯧, 점수로 계산하다니, 누가 학교 선생 아니랄까 봐!) 오죽하면 오디오 바꿈질하는 비용이 이혼 비용보다 더 든다는 말을 하겠는가. 그것도 열 평쯤은 되고 음향관리가 제대로 되는 오디오용 방이 집 속에 내장(內裝)되어 있을 때의 이야기다. 빈자(貧者)의 철학이라고 비웃을 사람도 있겠지만, 오디오와 마누라는 자기 것이 제일이라는 생각을 하며 살았다.

　주변 이야기를 들어보면 오디오 기기에 미련을 갖지 않게 된 것이 참 다행이라는 생각도 든다. 오디오 광(狂)은 대체로 불평분자이다. 어쩌다 기회가 있어 같이 음악을 들을 때 정말 괜찮은 소리가 나는데도 뭐 고음의 직진성이 부족하다, 저음의 반응이 느리다, 하며 기기를 바꾸는 데 몇 천만 원씩 쏟아 붓는다. 그리고는 며칠 밤을 새워 가며 튜닝, 즉 앰프와 스피커 그리고 방의 궁합을 맞추려 애쓰고, 얼추 맞추는 즉시 더 나은 소리를 낼 수는 없을까 하고 책을 뒤적이고 오디오 상점을 기웃거린다. 기기와 기기를 연결하는 전깃줄인 케이블 한 쌍에 몇 백만 원씩 우습게 쓰기도 하고 음악에 맞추어 바꾸어 든다고 스피커 몇 앰프 몇씩 장만하기도 한다. 그것도 참을 만하다. 그러나 오디오광은 대체로 자기가 소유한 기기를 남에게 자랑하려 든다. 소유물을 자랑하는 일은, 더구나 돈이 엄청 드는 소유물을 자랑하려 드는 일은, 속물을 알아보는 데 중요한 지침이 되는 것이다.

그래도 도박에 돈을 쏟아 붓는 것보다는 낫지 않겠는가, 라고 묻는 사람이 있을 것이다. 라스베이거스나 마카오는 젖혀두더라도 강원랜드에 가서 가져간 돈과 카드로 빌린 돈은 물론, 타고 간 차도 빚으로 빼앗기고 야반도주하듯이 돌아가는 사람들의 이야기를 많이 듣지 않았는가. 그렇다. 오디오는 도박보다는 덜 파괴적이다. 그리고 연전에 비싼 술만 수집하는 수집가들 만난 일이 있는데, 마시지두 않을 술을 장에 넣어 두고 이 코냑은 면세로 500만 원짜리이고 눕혀 놓은 저 포도주는 전 세계에 100병밖에 없는 것 가운데 하나인데 값은…… 운운하는 것을 듣다가 하도 딱해서 아악! 하고 선승(禪僧)식 '할'을 해대고 싶어진 일이 있었다. 술맛을 제대로 아는 누군가가 몰래 훔쳐가 즐기고 물감을 적절히 푼 물을 대신 병들에 담아 놓는 것이 그 술들을 알뜰히 빚은 사람들의 정성에 값하는 행동일 것이다. 오디오광이 이런 술병 수집가보다도 나은 것은 물론이다.

내가 좋아하는 직장 동료 가운데 고전음악을 사랑하는 사람으로 영문과에 이상옥 국문과의 이익섭 독문과에 황윤석 선생이 있다. 이익섭 선생의 오디오는 80점이 훨씬 넘는다. 나머지 두 분의 오디오 기기는 79점짜리밖에 안 되는 것이지만, 이상옥 선생은 30여 년 전 미국 유학 시절 그 짜디짠 장학금을 쪼개 LP 250장을 구해 왔고, 황윤석 선생은 현재 전축은 인켈이지만 한꺼번에 몇 십 장씩이 아닌 한 두 판씩 고르고 고른 CD를 현재 2,000장 이상 가지고 있다. 줄여 말하는 황선생의 성격을 생각하면 이 글을 쓰는 현재 3,000장은 좋이 될 것이다. 위 세 분에게서 빌려다 듣거나 녹음한 판도 많고, 특히 황 선생이 한 달에 두세 번 압구정동 〈신나라〉 레코드 상점에 가는, 가지 않고는 견디지 못하는, 사정을 아는 나는 오가는 노력을 안 들이고 그를 통해 CD를 구입한 적도 꽤 있다.

이 글을 쓰게 된 직접적인 동기는 바로 오늘 점심을 먹고 휴게실에서 황 선생과 나눈 잡담에 있다. 그는 독일에서 공부할 때 로린 마젤이 지휘하는 헨델의 「왕궁의 불꽃놀이」가 좋아서 LP로 그 판을 구했다고 했다. 그 후 CD 시대가 와서 그 판은 장 속 깊이 들어갔는데 그 곡이 잊히지 않아 그동안 그 곡 CD를 몇 장 구했다는 것이다. 이틀 전 토요일 날 그는 〈신나라〉에 가서 작곡 당시의 악기를 사용하는 것으로 이름난 가디너(John Eliot Gardiner)가 지휘한 그 곡을 사다 들었는데 별 감흥이 없어 다음날 자기가 가지고 있는 「불꽃놀이」 CD들을 전부 꺼내 듣고 마침내 장 속에 들어 있던 LP판까지 꺼냈다고 했다.

그가 뜸을 들이느라 잠시 이야기를 끊었을 때 나는 마음에 짚이는 게 있어 '그 판도 별 것 아니었지요?' 했다. 그는 약간 놀라며 그걸 어떻게 아느냐고 되물었다. 나에게는 사춘기가 지날 무렵 라디오를 통해 몇 번 들은 베토벤의 피아노 소나타 「비창」 2악장을 무척 좋아한 적이 있었다. 결혼 직후 당시는 판이 정말 귀해 빌려다 녹음한 것이 있었는데 습도와 온도가 잘 맞지 않아 한 20년 지나니 자성이 풀어져 결국 내다버린 곡들 가운데 하나가 되었다. 후에 CD 시대가 되어 연주자가 딱 부러지게 생각나지 않아 그 감흥을 다시 맛보려고 켐프(Wilhelm Kempff)의 연주를 비롯한 몇 장의 CD를 구했으나 그때 그 연주의 페이소스 섞인 저릿저릿한 아름다움을 느낄 수 없었다. 그렇게 10년을 헤맨 끝에 작년 말엔가 마음의 결정을 내렸다. 내가 과거에 좋아한 「비창」 연주는 지금 내가 가지고 있는 다섯 판 가운데 들어 있을 가능성이 크다. 다섯 연주자들 모두 내가 젊었을 때 이름을 날린 연주자들이기 때문에 그렇다. 그 '연주'를 찾지 못한 것은 내가 변했기 때문이다. 다시 말해서 내 감수성이 그동안 변했거나 낡았기 때문이다.

내 이야기를 듣자 그는 맞다고 했다. 자기도 이번 말고도 그런 일을 당하고 당황한 적이 있다는 것이다. 그런 경우가 어디 음악뿐이랴. 시도 그렇고 소설도 그럴 것이다. 과거에는 그렇게 좋아했으나 지금 김소월과 한용운을 다시 꺼내 읽을 생각은 없다. 그들의 작품은 좋기는 좋지만 너무 뻔하고, 우리가 결국 극복해야 할 한(恨)에 너무 기대고 있다. 어디 문학뿐이랴, 그림도 그렇고 조각도 그럴 것이다.

사람도 그럴 것이다. 세월이 지나면서 가까이 지낸 사람이 변했다고 생각할 때, 혹시 그가 변한 것이 아니고 자기 자신이 변하지 않았는가도 살펴보아야 할 것이다.

바뀌지 않는 경치도 새로 건물이 들어서거나 해서 세월이 한참 지나면 변한다. 언젠가 10여 년만에 다시 올라가본 부석사가 그동안 마음에 새겼던 부석사와 얼마나 다르던지, 몇 번이고 손등으로 눈을 비볐던 일이 기억난다. '새' 부석사를 인정하는 데 시간이 걸렸다. 낙산사에 다시 가서 만난 '새' 의상대도 마찬가지였다. 그렇다면 감수성이 낡거나 변하면서 계속 감동이 줄어드는가? 그렇지만은 않은 데 낡으면서 사는 묘미가 있다.

음악 이야기를 하고 있으니 음악을 예로 들자. 오십이 넘을 때까지 나는 베토벤의 후기 음악을 별로 좋아하지 않았다. 「비창」 빼고는 초기 곡들도 별로 좋아해본 일이 없고 주로 중기 베토벤만 좋아했다. 그러다가 어느 날 일본에 갔다가 사진을 보면 영락없이 시골 면장같이 생긴 아라우(Claudio Arrau)가 연주하는 베토벤의 마지막 세 피아노 소나타 판을 구하고부터 사정이 달라졌다. 이런 음악이 지금껏 숨어 있었다니! 그때부터 작품번호 100이 넘는 그의 피아노 다섯 곡과 작품번호 127부터 시작되는 다섯 개의 현악 4중주 및 '대둔주곡'을 탐욕스럽게 듣기 시작했다. 브람스도 늘 듣던 제4교향곡 이후의 곡들에 몰두하기 시작했다. 후기 브람스의 경우 처음부터 매료된 예외가 있었다면 아마 힘차고 화려하고 슬픈 「클라리넷 5중주」뿐일 것이다.

그러다가 후기 베토벤 후기 브람스와 더불어 후기 슈베르트를 집중적으로 들을 기회가 왔다. 1997년 8월 초부터 다음해 2월까지 반년 동안 미국 샌프란시스코 근처 버클리대학에 혼자 가 있게 되었을 때다. 아침 7시부터 운행하는 아파트의 셔틀버스도 있고 그걸 타면 버클리대학도 갈 수 있고 샌프란시스코에도 갈 수 있는 '맥아서 전철역'에 닿을 수 있어서 운전시험을 쳐서 면허증은 땄으나 그건 렌트카를 할 때 쓰기로 하고 차 없이 5개월을 보내기로 했던 것이다. 그 무엇보다도 포터블 전축과 노트북을 먼저 장만한 나는 샌프란시스코만이 내려다보이는 고층 아파트 23층에서 FM과 CD로 음악을 들으며 당당하게 외로움과 싸울 준비를 했다. 그리고 얼마 동안은 책도 읽고 글도 쓰고 음악도 들으며 잘 견뎠다. 길만 건너면 여러 나라 음식을 파는 '먹거리 터(food court)'도 있고 '보더즈'라는 대형 유통서점 겸 음반점도 있어 혼자 의연히 시간을 보낼 자신이 있어 보였다. 그러나 셔틀 버스는 저녁 5시면 끝나고 그곳 전철역에선 도저히 택시를 잡을 수도 부를 수도 없다는 사실을 알게 되었고 역시 뉴욕이 아닌 미국에서는 차 없이 지내기가 힘들다는 것을 깨닫게 되었다. 다시 말해 텅 빈 미국 도시 변두리의 십 리를 어둠이 내린 후 걸어서 오간다는 것은 생각할 수도 없는 일이었다. 저녁이면 옆 도시 오클랜드에 사는 친구가 이따금 들려 '먹거리 터' 옆에 있는 술집에 가서 맥주를 마셨으나 낮에는 샌프란시스코만 한 귀퉁이를 산책하고 포터블 전축으로 계속 음악을 듣는 나날이 계속되었다. 이때 쓴 시 하나를 소개하자. 제목은 미국에서 차 없는 인간이 가장 외로운 「토요일 오후」이다.

어디 제대로 전임 한 자리 얻지 못해

여기저기 대우전임으로 떠돌다 젊은 나이로 죽어

궂은비 내리는 빈민 묘지에 아무렇게나 묻힌

후에 시신(屍身)조차 못 찾은

모차르트

지금처럼 오갈 데 없이 저녁이 올 때 혼자 창가에 앉아

그의 음악을 듣고 있으면

(그 어느 곡이면 어떠리)

외로움이 사치라는 생각이 든다.

샌프란시스코만 위에 외로운 구름 한 채 낮게 떠 있다.

주위엔 아무도 없다.

아니다, 물위에 그림자가 떠 있다.

서로 속삭임을 주고받는 듯

구름이 알겠냐는 듯 그림자를 내려다보고

그림자가 알겠다는 듯 구름을 올려다본다.

저녁 햇빛이 이들을 둘 다 환하게, 자지러들 듯 환하게

물들인다.

 미리 약속해 준비를 좀 해야 했던 영어로 하는 문학강연도 끝나고 외로움에도 익숙해질 때쯤(나는 익숙해진 외로움에 '홀로움'이라는 명칭을 주었다), 당시 버클리에 펠로우로 와 있었고 지금은 남가주대

학(USC)에서 한국학을 가르치고 있는 황경문 교수가 슈베르트의 만년 작품 「현악 5중주」 판을 선물로 주었다. 전에 미완성 교향곡과 가곡을 중심으로 듣던 슈베르트와 완전히 다른 슈베르트였다. 멜로스 4중주단에 첼리스트 로스트로포비치가 낀, 다시 말해 통상적인 비올라 둘 대신 첼로가 둘이 들어간 5중주, 그래서 그런지 처절함의 영역이 넓어진, 슬프고 맑은 곡이었다. 또 한 번 이런 게 어떻게 지금까지 나에게 들키지 않고 숨어 있었던가 싶었다. 이 곡은 그곳 아파트와 이별하기 사흘 전인가 방더러 혼자 들으라고 틀어놓고 겨울 해변 산보를 한 인연도 있다. 처음 보는 겨울 꽃도 눈에 띄어서 지체하다가 돌아와 문을 여니 곡이 막 끝나고 있었다. 다시 틀었다. 그래서 그런지 귀국해서 다른 연주자의 판을 몇 구했으나 그 판의 연주를 당하지 못했다. 그러다가 슈베르트의 마지막 피아노 소나타 세 편에 빠져보니, 후기 베토벤까지 포함해서 베토벤의 음악이 좀 기계적으로 들리기 시작하는 것이었다. 물론 베토벤 음악의 깊이를 폄하자는 것은 아니고 당시 내 느낌이 그랬다는 것이다. 여하튼 그때부터 후기 슈베르트는 내 마음속에서 반 고흐의 밀밭에 까마귀 떼가 나르는 풍경을 비롯한 후기 작품들과 겹치곤 했다. 둘 다 간절하고 절실한, 그리고 어쩔 수 없는 '인간적인 상처'가 있는 혼들을 가지고 있었다.

마지막 3편 가운데도 마지막 소나타 B플렛 단조는 영국 문명비평가 아이자이어 벌린(Isaiha Berlin)이 자기가 죽을 때 연주해달라고 부탁한 작품이다. 나는 빌헬름 켐프, 라두 루푸, 마우리지오 폴리니, 잉그리트 헤블러, 스티븐 코바세비치, 알프레트 브렌델, 블라디미르 아슈케나지, 그리고 최근에 구한 미치꼬 우치다, 이렇게 여덟 사람의 판을 가지고 그 곡을 들으며 한 달 가까이 보낸 추억이 있다. (이렇게 인명을 모조리 늘어놓는 일은 35년 가까운 교직 생활이 만들어논 작폐가 아니겠는가?) 때로 연구실 포터블을 쓰기도 했으나 주로 집에 오는 즉시 전축에 돌아가며 판을 걸곤 했다. 처음엔 제1악장에 나오는 신비하고 어두운 베이스 트릴 가운데 브렌델의 것이 마음을 끌어 그의 연주가 최고라고 생각했으나, 차차 지나치게 교과서적인 그의 연주가 싫증나 라두 루푸에 들렀다가 폴리니에게 갔다. 보름쯤 지나면서 모든 판을 꺼내 서로 다른 케이스에 담아 그냥 구별 없이 즐기고 싶다는 생각도 했다. 그러나 그렇게 안 했어도 결국에 가서는 구별 없이, 아니면 차이가 나는 대로, 모두를 즐기게 되었다.

위에 묶인 피아니스트들은 폴리니를 빼고는 대개 처음부터 베토벤 슈베르트의 대가들이다. 이들은 대체로 쇼팽 드뷔시에서 명반을 남긴 일이 적다. 반대로 아르투르 루빈슈타인, 아르투로 미켈란젤리 들은 쇼팽 드뷔시에 강하나 베토벤 슈베르트에는 그저 그렇다. 아마도 지중해적인 기질과 독일적인 기질의 차이인지도 모른다. 원래 쇼팽의 대가였던 폴리니는 베토벤을 연주하게 위해 3년간 연주활동을 쉬며 베토벤 연습을 했다는 말까지 있지만, 쇼팽의 우수(憂愁)도 지니고 있었다. 그래서인지 그의 슈베르트도 브람스도 나의 애장판이 되었다.

가만, 슈베르트의 마지막에서 두 번째 소나타 A장조는 아슈케나지의 것이 걸물이다. 그러나 다시 마지막 작품으로 돌아가면, 제2악장의 맑은 페이소스 처리만 가지고도 폴리니의 것이 마음에 든다. 아마 그게 벌린의 '유언'의 내용일 것이다. 피아노 소나타 한 곡만 가지고 한 달 가까이 버틸 작품은 과거에도 없었고 아마 앞으로도 없으리라. 아니 언젠가 그런 작품이 다시 출현해 한동안 나를 다시 계속 목마르게 하고 불타게 하면 또 얼마나 좋으랴.

  모차르트까지 포함해서 베토벤 슈베르트 브람스 모두 만년에 최상의 작품을 남긴 작곡가들이다. 나는 주로 음악을 들으면서 일하기 때문에 비록 영어 번역으로나마 가사를 따라가야 제 맛이 나는 오페라를 일부러 피하다보니 어느샌가 멀어지게 되었다. 따라서 젊었을 때 흠뻑 빠질 뻔 했던 바그너도 발췌곡 정도로 만족하고 있다. 잘은 모르지만 만년의 「니벨룽겐의 반지」 4부작이 그의 정점으로 생각하고 언젠가 정규적으로 일을 안 해도 될 때가 오면 정색을 하고 CD 총 15장이 되는 그 작품에 빠져볼 생각도 해보지만 그때 감수성이 더 낡아버리면 어쩌나 하는 걱정도 같이 해본다. 아니면 혹시 10년 지난 부석사의 재발견처럼 과거에 진부하다고 생각한 다른 작품들이 새롭게 불타는 음악이 되지 않을까 기대도 해본다. 여하튼 앞에 열거한 작곡가들은 짧던 길던 자신에게 주어진 삶의 마지막을 불같은 작품으로 불사른 예술가들이다. 이들을 사랑하는 사람이라면 적어도 삶의 끝이 심심하거나 밋밋하지는 않을 것이다. (2001)

부네 탈 / 보살 얼굴

　음악 이야기는 「불타는 음악」으로 끝내고 이번 글은 처음부터 여행이나 미술 이야기로, 아니면 우리나라 여성의 얼굴 이야기로 풀어가려 했으나, 지난번 음악 이야기가 지나치게 서양 고전음악 일변도가 아니었느냐는 비난 섞인 질문이 있었기 때문에, 음악 이야기를 조금만 더 하기로 하자. 나는 반드시 고전음악만 듣는 게 아니라 빌 에번스 등 비교적 '고전적'이긴 하지만 재즈도 즐기고 화암스님의 염불에도 귀를 기울이고 송창식의 「고래사냥」 최진희의 「낙엽」도 좋아한다. 물론 배호의 노래에도 마음이 끌린다. 그러다보니 이즈음 국악의 부흥을 통한 민족의 정체성 찾기가 한창인 이때 음악 얘기를 하며 국악 얘기를 한 줄도 안 쓰다니, 쯧쯧, 이런 식의 말을 듣게 되면 나에게도 할 말이 있다. 이 나이에 말 돌리기가 무슨 필요 있으랴. 나는 시조창을 비롯해 아악을 한참 듣다보면 졸립고, 사물놀이를 비롯해

농악을 오래 들으면 신이 나다가 귀가 아파 온다. 외국인들에겐 사물놀이나 농악이 신기하겠지만, 음악 자체의 단조로움을 이겨내기 위해선지 마치 운동경기하듯이 치는 북소리, 저 단조롭고 시끄러운 날라리, 보다는 아프리카인들의 순정한 북소리가 더 부드럽고 인간적이다. 종족 음악의 '문법'을 제대로 배우지 않은 죄가 나에게 있다면 그 선고를 받아들일 수밖에 없겠지만, 요새는 영어 교육도 문법 중심이 아니고 일상 회화 중심인데…….

 내가 좋아하는 서양 고전음악이 17세기 유럽에서 종교음악의 장엄과 귀족음악의 세련, 그리고 민속음악의 힘이 합쳐 화학변화를 일으켜 '높은' 음악이 된 데 반해 우리 음악은, 우리 이웃 나라들도 상황이 대동소이하겠지만, 촉매제를 발견할 기회를 잃고 종교 귀족 민속 음악이 따로따로 놀다가 서양 음악의 강력한 세례를 받게 되었던 것이다. 그러니 '독특한' 서양 음악에 매료되는 것도 어쩔 수 없을 것이다. 그래도 우리 전통 음악 가운데 고르라면 그래도 민속과 귀족음악이 섞였다고 할 수 있는 안숙선의 판소리쯤을 택할 것이다. 그리고 어정쩡하게 창작적인 냄새를 풍기지 않고 연주자가 자신의 체질로 타는 것이라면 가야금 산조를 택할 것이다. 사실 뛰어난 산조는 타는 사람마다 즉흥성이 가미된 혼(魂)의 연주가 있을 뿐이고, '창작'에 마음을 쓰다보면 그 혼이 빠져나가기 쉬운 것이다. 누구누구의 산조가 있을 뿐 누구누구 작곡의 산조는 이미 산조가 아니기 쉽다. 다시 말해 진짜 산조는 땅! 하고 때리고 한없이 울렁이는 소리만으로도 우리의 심금을 울린다. 그러나 우리의 귀족 음악인 아악이나 시조창을 잘 모르겠다는 고백에 대해, 사대부 전통을 잇는 사람들이 무식한 소리 하지 말라고 한다면, 그 또한 받아들일 수밖에 없다는 생각이다.

며칠 전에 불교 장례식에 참석한 일이 있었는데, 새 불교 음악은 들을 만했다. 기독교의 찬송가가 주로 서양 음악 그대로인 데 반해 불교 음악 작곡가들이 민족음악 색채를 강조해서 그런지, 아니면 '찬송가'는 음치까지 막 따라 부르는 데 비해 반(半) 프로의 합창대원 몇이 일반 신도들을 이끌며 불러서 그런지 들을 만했다. 보다는 아마 불교 찬가의 작곡가들이 저항을 일으키는 서양의 '현대기법'을 덜 썼기 때문일 것이다.

한국의 '현대음악'은 어떠한가? 우리나라 대학 작곡과에서는 무조(無調) 음악만 가르치는지 작곡 발표장에 가보면 조성(調性)을 이루려는 인간본능과 싸우기 바쁜 소리만 내고 있으니, 참 듣기 힘든 것이 현대 음악이로구나 하는 생각을 되새기며 음악당을 나오곤 한다. 한국의 현대음악은 동호인들끼리만 즐기는 음악이다. 꼭 받아들이라고 하는 말은 아니지만, 20세기의 위대한 지휘자 가운데 하나인 앙세르메(Ernest Ansermet)는 12음기법(무조)에 의한 음악은 완전한 실패라고 천명했다.

최근 필립스와 소니에서 나온 일본 클래식 작곡가 다케미추 도루(武滿徹 1930~1996)의 CD판 2장을 주의 깊게 들은 일이 있다. 필립스판에는 비올라 「가을의 현(絃)」이라는 비올라 콘체르토도 하나 있었지만 3곡 가운데 나머지 둘은 일본 전통 악기 비파와 샤쿠하치를 위해 쓴 곡이었다. 동양 음악과 서양 음악이 합쳐진 일본 음악이었다. 샤쿠하치의 음색이 그처럼 간절할 수 있다는 것도 처음 알았고 현악기 비파를 멋진 타악기로 쓸 수 있다는 것도 처음 알았다. 비올라 콘체르토는 내가 들은 동서양 비올라 음악 가운에서 가장 쓸쓸하며 동시에 맑은 음악 가운데 하나였다. 소니 판에는 하프와 비올라도 끼어 있지만 무반주 독주까지 포함해서 플루트 음악 일색이었다. 그러나 그의 서양 악기 플루트에는 동양 피리의 숨결이 묻어 있었다. 둘 다 놀랄 만치 들을 만했고, 좀 과장하자면 '선(禪)'적인 명상에 들어가는 숨소리가 들리는 것 같기도 했다. 너무 지나친 찬사라고 한다면, 여하튼 '현대음악'이 아닌 현대음악이었다. 그런데 놀랍게도 그는 초등학교밖에 나오지 않은 작곡가가 아닌가. 우리나라 같았으면 아마 음악계에 명함도 내밀기 힘들었을 것이다. 그렇지 않다면 반증을 보여 달라.

　제대로 가슴 펴고 살아본 적이 별로 없기 때문인지는 모르나, 우리는 너무 우리 것을 얕잡아보거나 반대로 우러러보는 악습이 있다. 전문가들이 찬탄해 마지않는 국보 180호 추사의 「세한도」는 물론 명품이다. 그러나 거기 그려진 집은 중국집이지 우리 집이 아니다. 그는 중국에 다녀왔으니 그렇다 치더라도 그의 제자 허소치의 그림에 나오는 집들도 중국집이다. 엄청난 중국 회화의 영향에 대해 대항하여 자기 것을 세우려고 고민한 흔적들이 별로 없다. 물론 진경산수 계통의 겸재와 단원의 많은 그림들은 우리 산수로 우리의 생 마음을 끌지만, 중국의 에토스를 그대로 받아들인 단원의 신선도들은 별로 좋아할 수가 없다. 나는 우리나라 대학에서 동양화과를 한국화과로 바꾼 데 대해서는 별로 시비를 걸고 싶지는 않으나, 때로 만화보다도 못한 산수화나 인물화를 한국화라고 부르는 것은 우선 귀에 거슬린다. 그래도 운보의 '바보산수'만큼은 되어야 '한국화'로 부를 수 있는 것이 아닌가? 서양화과가 있으니 동양화과 정도로 족하지 않을까 하는 생각이 든다.

 나는 청전과 운보의 동양화를 좋아한다. 박수근과 이중섭의 서양화도 좋아한다. 살 돈이 없으니 이들의 그림 가운데 특히 좋은 작품들을 표구하기 좋게 정밀 복사한 것들이 있으면 좋겠지만 아직 마음에 드는 복사품이 없어 이들의 작품을 질이 썩 좋지는 못한 화집으로 즐기고 있다. 그 가운데 어느 겨울날 박수근의 화집을 보면서 빚은 시 「박수근의 그림」을 소개해보자.

  저 돌담 저 돌탑 저 돌부처
  저들 속에 흐르고 있는 화강암 결이
  어느 날 떠올라 하늘이 되고
  흐린 겨울 저녁이 되고
  과일 함지 머리에 이고 걷는 아낙들이 되었으리.

  너나없이 춥고 배고팠던 겨울날
  옷 벗은 모델 살 돈 없는 박수근이

나무들을 옷 벗겨 그리다가

달도 별도 없이 흐린 저녁 하늘 내다보며

이게 아마 지구의 마지막 나무이지 되뇔 때

몸과 마음에 화강암 옷을 해 입히고

마냥 지구의 봄을, 봄을 향해 걸은 아낙들.

박수근 그림의 기본 마티에르는 우리나라 도처에서 만나는 화강암의 결이다. 그 계절을 초월한 화강암 속에서 그는 여름 나무도 겨울 나무처럼 그렸다. 아니다. 그의 그림을 한참 들여다보면 한참 못살 때의 우리가 떠오르고, 그가 누드모델을 살 돈이 없어서 나무를 옷 벗겨 그렸을 거라는 생각이 떠오르곤 한다. 그리고 비록 화강암 색 속에서 확실한 볼륨을 가지고 있지는 않지만 아낙네들이 생명력 있게 그려져 있고 그것이 우리 민족의 미래가 거기 있는 게 아닌가 생각도 했다. 일반적으로 하는 얘기지만 우리나라는 남자들보다 여자들이 더 생명력이 있는 것 같다. 하기는 못사는 종족의 삶을 지키는 자들은 주로 여자들이었지만. 우리처럼 식민지와 가난을 겪은 아일랜드의 극작가 싱(J. M. Synge)의 『바다로 가는 기사들』의 어머니 모이라, 오케이시(Sean O'Casey)의 『쥬노와 공작』에 나오는 아내이자 어머니 쥬노는 우리의 어머니이고 박수근의 아낙들이다. 러시아 소설가 막심 고리키의 『어머니』도 마찬가지이다.

박수근은 아낙들의 얼굴의 구체적인 형상보다는 화강암 결 속에 생명력을 새기며 끈질기게 사는 여자들의 전체 모습에 더 관심을 가졌지만, 예술적인 혹은 인공적인 얼굴 가운데 가장 과거의 우리다운 여성의 얼굴을 찾으라면 나는 탈놀이에 나오는 부네의 탈을 들고 싶다. 그야말로 인고(忍苦)를 인내(忍耐)로 바꾼 인간의 얼굴! 그네는 눈을 가늘게 뜨고 미소까지 가늘게 가지고 있다. 보고 있노라면 어느샌가 마음이 뭉클해진다. 술좌석에서였던가 내가 화가라면 부네의 얼굴 속에서 민족 구원의 실마리를 찾아보리라고 했던 40년 전의 내가 떠오르기도 한다. 이즈음 판매용으로 만든 부네 탈들에서는 인고가 덜 느껴진다. 상행위에 맞추느라 조금씩 변형시키지 않았겠는가?

  몇 년 전 차를 몰고 남해안을 돌다가 어린 딸애와 짐을 앞에 놓고 버스인가를 기다리는 여자를 본 적이 있었다. 조금 가다가 어디선가 본 듯한 그 여자를 뒷좌석에 태워줄까 하는 생각이 들어 유턴할 자리를 찾았으나 앞에서 계속 차들이 오는 바람에 포기하고 가던 길을 계속 갔다. 전에 학교에서 전철역까지 학생들을 태워주니 고맙다는 표정은 없고 저희들끼리 막 떠드는 바람에 다시는 모르는 사람을 차에 태워주지 않으리라 결심한 후에는 없었던 감정이었다. 왜 그랬을까? 피곤해 보이는 아이 때문이었을까? 남해안의 여름 풍경 때문이었을까? 그러다가 나는 그 여자의 얼굴이 부네를 닮았음을 상기했다. 그렇다 바로 부네였다. 한참 되는 거리지만 다시 돌아가 태워주고 싶은 심정과 한참 싸워야 했다.

  우리나라에서 부네와 가장 대조적인 여성의 얼굴을 찾으라면 아마 보살상의 얼굴이 될 것이다. 불교의 보살은 원래 남자이지만 이즘 우리나라에서는 여성화되어 여신도들을 보살이라 부른다. 대승불교를 보살신앙이라고도 하는데, 다시 말해 자신의 득도를 우선하는 소승불교의 수행자 아라한의 신앙이 아닌, 부처가 되기 전 위로는 보리〔正覺의 지혜〕를 구하고 아래로는 중생을 제도하려고 정진하는 구도자들의 신앙인 것이다. 그중 지장보살은 자기가 성불할 차례가 되었어도 마지막 한 인간까지 무명(無明)의 고통에서 벗어나기 전에는 자신이 결코 부처가 되지 않겠다고 서언하고 정진하는, 보살신앙의 대표적인 존재이다. 우리 여성들을 '보살'로 부르게 된 일은 우연이 아니라고 생각된다. 그동안 엄청난 고통을 감내한 우리 여성들에게 바친 적절한 찬사일 것이다. 남자 신자는 그냥 거사(居士)라고 부르는데, 그것으로 족하다. 다만 유교의 숨어사는 큰 학자를 부르는 칭호를 딴 것이겠지만, 불교 거사에도 당나라 때 방거사(龐居士) 같은 명품이 있었다는 사실은 기억해야 할 것이다.

   보살상의 아름다움은 삼국시대 이후 계속된 현상이다. 미륵보살 관세음보살 문수보살 보현보살 모두 우아하고 귀족적이다. 그 우아함은 여성이나 남성의 특성을 뛰어넘는다. 특히 오른편 다리를 왼쪽 무릎 위에 얹고 한 손을 뺨에 댈까 말까 하게 대고 생각에 잠긴 신라나 백제의 〈반가좌 사유 미륵보살상〉은 이 세상의 것이 아닌 존재의 미소를 띠고 있다. 일본 광륭사에 있는 일본 국보 〈미륵보살상〉은 재료나 수법 기술 모두 백제에서 건너간 것이 틀림없다는 생각을 만들어주는 조각이며 그의 미소는 가히 살인적이다. 앙드레 말로가 극찬한 것을 보면 아름다움도 어느 수준을 넘으면 동서양 구별이 없어진다는 것을 말해주고 있다. 이들 보살상들이 여성적인 부드러운 형태를 띠는 것은 기독교의 마리아상의 우아함과 같은 현상일 것이다. 괴테가 구원의 밑그림으로 제시하는 '영원한 여성성'에 맞먹는 것이리라. 우리나라 보살상에서 나는 우리의 이상적인 여성상을 보곤 했다.

우리 여성의 얼굴 이야기를 장황히 늘어놓는 것은 오늘날 우리의 여성의 얼굴이 부녀나 보살에서 떠나 다른 것으로 변하고 있기 때문이다. 4년 전 버클리대학에서 반년을 보낼 때 일본 영화『샬 위 댄스(Shall We Dance)?』를 본 기억이 있다. 일본서 작품상 감독상 남녀주연상 남녀조연상을 휩쓸었고 미국에서도 꽤 인기가 있어 상영기간이 연장되던 영화였다. 그 후 우리나라에서도 상영되었으니 내용을 얘기할 필요가 없겠지만, 간단히 말한다면, 자신의 삶의 의미에 대해 회의를 가지기 시작하는 40대 후반 직장인 소시민이 늘 출퇴근하며 눈여겨보아 온 사교춤〔ballroom dancing〕 도장에 들어가 춤을 배우기 시작해서 주위의 온갖 난관에도 불구하고 열심히 연습해 경연대회에서 1등을 하며 인생의 고비를 넘기는 얘기다. 잔잔한 풍속 코미디다. 나도 재미있게 보았다. 말이 난 김에 그 영화를 본 여파로 비극과 희극의 차이를 어떻게 볼 것인가에 대해서 당시 버클리에 와 있던 후배에게 해준 말이 생각난다. 그때까지는 헤겔이 주로 소포클레스의 『안티고네』를 염두에 두고 정의한 것이지만, 주인공에게 부과된 두 개의 상치되는 법 가운데 자신이 더 큰 법이라고 믿는 것을 따름으로써 생물적인 인간으로서의 파멸을 받아들이는 것이 비극이라는 것이 가장 유명한 정의였고 나도 그것을 따랐다. 그러나 그 정의는 현대 비극에 와서는 잘 적용되지 않는다. 입센의 『유령』이나 브레히트의 『억척 어멈』을 그런 틀에 넣기는 곤란한 것이다. 그래서 나는 그때 간단한 정의를 만들었다. 주인공의 선의가 받아들여지면 희극이고 받아들여지지 않으면 비극이라고.

그 영화가 희극이냐 비극이냐를 떠나서, 사교춤도 저렇게 아름다울 수 있구나 하는 것을 떠나서, 나에게 충격을 준 것 가운데 하나는 모든 사람의 선망의 대상인 댄스 교사 일본 여배우가 너무 서구적인, 백인 여성적인, 얼굴과 몸매를 가지고 있었다는 사실이다. 게다가 그네는 주로 서양 고전 조각상들이 취하는 포즈를 취하곤 했다. 서양 댄스교사니까 몸매는 그렇다 하더라도 얼굴은, 잘은 모르지만 마음먹고 서양 여자로 성형수술을 하고 가꾼 듯한 얼굴이었다. 남 주인공의 아내를 비롯해서 그 여자를 보는 다른 모든 사람들이 지극히 동양적인 얼굴 그대로 가지고 있어서 눈에 더 띄었다. 지배적인 문화가 어떤 힘을 가지고 있는가를 다시 한 번 느끼게 해준 일이었다.

이즈음은 남자들도 많이 성형수술을 하고 있겠지. 젊은 남녀의 성형수술의 표적은 서양 남자 서양 여자의 얼굴이겠지. 여자 얼굴에 대해 이야기하고 있었으니, 말을 계속하자면, 이제 그네들의 얼굴은 부네나 보살과 거리가 아주 멀어졌다. 도저히 따를 수 없는 서양 여자의 얼굴과 몸을 따르려다 우리의 아름다움을 통째로 잃을 것 같아 걱정이다. 인간에게는 잘생겼거나 못생겼거나 성스러운 면이 있는 것이고 그 것은 주로 자기 자신다울 때 나타나는 것이다.

지배적인 문화가 항상 높이 있는 것은 아니다. 성스러울 때 인간들의 높이는 비교의 기준으로 잴 수가 없다. 아프리카 원주민의 조각에도 인간의 숙연함이 들어 있는 것이다. 스위스 화가 파울 클레는 비교적 인간의 얼굴을 그리지 않은 화가이다. 캔버스 전체가 구도를 위해 존재하도록 선과 색과 명암을 주로 비구상으로 조직한 극히 지적인 화가이다. 배와 물고기 같은 형상들도 구도를 위해 그려졌다는 인상을 준다. 그러나 그가 그린 얼마 안 되는 여성, 특히 눈이 강조된 얼굴들을 보노라면 불상, 특히 전남 화순 운주사의 토속적인 쌍불이 마음에 떠오르곤 하는 것이다. 부부 부처라고도 하고 부부 와불이라고도 하지만, 와불은 불타가 원래 옆으로 누워 적멸한 것을 본 따기 때문에, 쌍으로 새긴 후 가운데를 잘라 둘로 나누기 위해 만들고 있다가 손을 논 두 부처로 생각되는 석불이다. 자르기 쉽게 돌도 얇아 윤곽도 회화적이다. 특히 아름다운 얼굴은 아니었으나 눈에 성스러움을 담고 있는 얼굴이다. 가장 '서구적인' 화가 가운데 하나인 클레가 도달한 여자의 얼굴이 불상의 그것도 한국의 토속적인 냄새가 가득한 불상의 얼굴이라면! (2001)

술과 도취

> 디오니소스가 술의 신이며 동시에 비극의 신인 것은 이상할 것이 없다.
> 둘 다 몰아(沒我)의 세계인 것이다. — 베토벤

나 또래 글 쓰는 사람들의 술의 역사는 길고 슬프고 황홀하다. 제사(題詞) 하나를 붙이기로 했다. 그럴듯하지 않는가. 베토벤이 위의 말을 한 기록은 없다. 그렇다고 「취한 배」라는 멋진 시를 남기고 간 랭보의 이름을 붙이기에는 그가 너무 일찍 글 쓰는 일을 버렸기 때문에 글을 쓸 때 술맛을 제대로 알기는 했을까 의심이 간다. 그러다가 지난해에 베토벤의 사망 원인이 그동안 추측되어 온 매독이 아니고 음주에 의한 납중독이었을 것이라는 '과학적인' 견해가 발표된 사실이 머리에 떠올라 제사에 베토벤이라고 써놓고 보니 그럴듯하다. 베토벤은 애주가/폭주가였고 그가 납중독에 걸린 것은 술의 맛을 돋우기 위해 포도주를 납 병 혹은 납 항아리에 넣어 두고 마셨기 때문이라는 것이다. 10여 년 전 로마제국의 몰락 원인 가운데 하나가 포도주의 맛을 돋우기 위해 귀족들이 납 항아리에 술을 담아놓고 마셨기 때문에 납중독에 걸려 아기를 못 낳게 되거나 일찍 죽거나 고질적인 병에 걸렸기 때문이라고 발표된 적이 있었다. 베토벤의 귀를 멀게 한 것이 납인지 아닌지는 잘 모르겠으나(여하튼 장년기부터 그의 귀는 납처럼 무거웠을 것이다), 그가 로마의 귀족 못지않게 납중독에 걸릴 만큼 술을 좋아한 것은 사실인 것 같다. 그가 남긴 일화에서 술, 그리고 귀족들과의 대결을 뺀다면 그의 진면목이 얼마나 측은해 보일 것인가.

그의 음악이 선배 작곡가 하이든이나 모차르트와 다른 것은 그 무엇보다도 몰아(沒我)의 경지이고, 비극적 황홀이다. 모차르트의 음악은 슬픔이 가미되었지만 아름답고 화려하다. 문명사가(文明史家) 케네스 클락이 지적하지 않더라도 당대 지배적인 건축양식이었던 로코코의 화사함이 모차르트의 핵심이다. 『피가로의 결혼』이나 『돈 죠바니』도 로코코의 세계이고, 베토벤이 『돈 죠바니』 상연을 보고 실망한 것은 음악이 아름답지 않아서가 아니라 온몸을 던져 만나게 되는 비극적인 자유 획득의 황홀이 없었기 때문이다. 물론 나는 지금 이 두 작곡가의 우열을 가리고 있지는 않다. 몰아의 경지보다는 '찬란한 슬픔의 봄'을 택할 사람이 김영랑 시인 하나만은 아닐 것이다.

술 취함과 담배 취함의 차이는 바로 황홀 유무에 있다. 담배에는 황홀한 경지에 빠진다는 말은 없고 몽롱해진다는 말이 있다. 20년 전

의사가 나에게 고혈압을 다스리려면 적어도 술이나 담배 가운데 한 가지는 끊어야 한다고 했을 때, 내가 며칠 동안 곰곰이 생각을 해보고 장장 25년 반 동안 하루 두 갑 이상씩 피워 온 담배를 끊기로 결심하고 다음날 아침 직장/학교에 가자마자 남은 담배를 한 선생에게 라이터 몇 개는 또 다른 선생에게 주고 그때부터 금연하게 만든 것은 바로 이 황홀과 몽롱 사이의 선택이었다. 그 결정은 삶에서 내가 한 결심 가운데 지금도 내가 조금도 후회하지 않는 '중대' 결정들 가운데 하나로 남아 있다. 또 하나 잘된 결심을 들라면 무엇이 될까? 먼 데 갈 것 없이 술까지 끊으면 건강에 더욱 좋을 것이라는 의사의 권유를 끝내 뿌리친 일이 되지 않을까.

내가 처음으로 술과 상면한 것은 그리 빠르지 않다. 내가 아는 사람 가운데는 조숙하게 아버지 술심부름을 하며 조금씩 마셔 초등학교 때부터 술을 즐겼다는 술꾼도 있지만 나는 한참 뒤에야 술과 만났다. 고등학교 2학년 때라고 기억된다. 요즘 학생들에 비해 그 당시 학생들에게는 즐길 일이 정말 없었다. 텔레비전도 없었고, 단체관람 아니면 영화관 출입도 고등학생까지 금지, 일본말을 모르고 자란 내 또래는 읽을 책도 거의 전무(全無), 컴퓨터 게임도 미팅도 없는 삶이었다. 대학에 진학해서 말을 건네보고 싶은 같은 학과 여학생에게 다방에 가서 커피나 한잔 같이 하자고 1학년 때 신청한 것이 4학년 수학여행 때 이루어지는 시절이었다.

고교 2학년 봄 어느 토요일이었다고 생각된다. 얼마 전에 작고한 같은 반 H가 마침 부모님이 출타중이니 자기 집에 가서 놀자고 제안했다. L군(그는 대학을 나오자 곧 미국에 이민 가고 그 후 소식이 없으므로 진짜 그였는지 확인할 수가 없다)과 나는 그의 집에 갔으나 트럼프 도둑잡기 놀이를 몇 번 하고 나니 더 이상 놀이가 없는 우리는 의논 끝에 가지고 있던 돈을 모두 털어 술을 마시기로 했다. 금기를 깨는 일은 우리를 신나는 공모자로 만들어 H와 나는 집에 손님이 와서 심부름 왔다는 듯이 심드렁한 표정들을 하고 술을 사러 갔다. 술도가가 가까이 있어 큰 주전자 둘을 가득 채운 막걸리를 쉽게 준비한 우리들은 안주로는 김치를 주로 해서 술을 마셨다. 셋 다 처음인 데다 터부를 깨는 홍분이 겹쳐 거실 벽에 두루마리로 걸려 있는 동양화의 신선들보다도 호기 있게 빨리 들이키며 떠들다 다 같이 쓰러져 잠들었다. 깨어보니 날이 한참 어두워져 있어서 부랴부랴 집으로 달려온 기억이 남아 있다. 술맛은 생각나지 않지만 계속 관계를 맺을 만하다고 느꼈던 것 같다.

그 후 르네상스 음악실에 나가기 시작한 나는 늦은 귀갓길에 카바이드 불빛에 소주 잔술을 파는 포장마차도 못 되는 리어카 주점에서 튀긴 오징어를 안주로 두어 잔 들이키고 오곤 했다. 참 그때 진로는 그래도 35도의 곡주여서 혀와 목을 차례로 화끈화끈하게 적셔주는 맛이 그럴듯했다. 그 화끈한 맛이 나를 주정하는 즐거움 없이도 술을 즐기게 만들었을 것이다.

바로 그해 여름방학 때 동학사에 칩거하고 계시던 김구용 선생에게 편지를 하고 닷새 동안인가 놀러간 적이 있었다. 갓 입문한 '술꾼'

답게 나는 안주용으로 미군용 C레이션 햄버거 깡통을 두어 개 준비해갔다. 그전에 부여 여행을 한 번 한 적이 있지만 그때는 아는 사람과 함께였고, 동학사 행이 나로서는 처음 여행이나 다름없었다. 대전역에 내린 나는 가까이 있는, 당시는 '차부(車部)'라고 부른 버스터미널에 가서 공주행 버스를 타고 박정자라는 정거장에서 내렸다. 우선 처음 만난 사람에게 동학사가 얼마나 되느냐고 물었다. 10리라는 대답이었다. 걷기 시작했다. 한여름 오후라 무더웠으나 오랜만에 보는 산과 골짜기와 녹음이 좋아 계속 걸었다. 한 3, 4킬로미터 걸었다고 생각되어 얼마나 남았냐고 물어보니 10리가 남았다는 것이다. 다시 한 2킬로미터쯤 가 마침 도자기를 만들던 곳이었는지 자기 파편을 몇 주워 들고 물으니 역시 앞으로 10리, 한참 더 가서 물으니 그제야 5리, 우리나라 사람들이 10리라는 거리를 참 너그럽게 재고 있다는 사실을 알게 되었고 그것은 후에 여행할 때 많은 도움을 주었다. 나중에 알아보니, 지금은 직선도로를 내어 더 단축되었겠지만, 10킬로였다.

  길 고생 때문이었는지 꽤 먼 곳에 온 착각이 들어 동학사 생활은 하루하루가 새로웠다. 느릅나무도 새로 알게 되었고 석등 곁에서 그윽한 밤 물소리도 듣게 되었다. 단 여름밤 당시 동학사 석등 곁에 가려면 마당에 기어다니는 뱀을 조심해야 했다. 김구용 선생이 전지를 가지고 있어 뱀들을 피해 석등 곁에 갈 수 있었다. 동학사를 떠나기 전전날인가 선생과 나는 절 앞 가게에서 소주(그때는 4홉들이가 기본이었던 것으로 생각된다)를 사고 김치와 고추장과 C레이션 깡통을 들고 산으로 올라갔다. 그늘에 자리를 잡은 후 돌로 냄비 받침대를 만들고 나무를 해다가 불을 일구곤 준비해 간 고추장을 넣어 안주를 만들었다. 35도 소주병을 기울이며 모든 것을 잊고 몰아의 경지에 빠져 신나게 문학 얘기를 했고(술을 마시면 문학 이야기 자체가 톨스토이가 너무 정염의 세계로 이끈다고 비판한 베토벤의 「크로이처 소나타」가 된다), 술이 끝나고는 둘 다 그늘에 누워 한잠 푹 잤다. 그때 들은 얘기 가운데 잊혀지지 않는 것 하나는 윤동주의 시에 대한 것이었다. 구용 선생은 윤동주가 과도하게 높이 평가받고 있다고 주장했다. 그 말을 들을 당시에도 백 프로 동의할 수는 없었고, 지금도 그렇다. 슬픔이나 사랑을 아름답게 그리고 있지만, 윤동주의 시는 인간의 내부를 별로 보여주지 않는다는 의미에서 별로 '깊은' 시가 아니라고 판단하신 게 아닌가 생각할 뿐이다. 그건 말이 된다. 그렇다고 해서 당시 읽을 만한 시가 별로 많지 않던 시절에 윤동주의 지극히 아름다운 시가 과도하게 평가받고 있다고 판단할 필요가 있을까. 하여간 이 화두는 오랫동안 내 뇌리에서 사라지지 않았다. 그 후 김구용 선생이 자신만의 제자들에게 둘러싸여 사셨기 때문에 같이 만나 문학 이야기를 계속할 기회가 없었으니, 혹시 후에 그의 윤동주 평가가 달라졌을지도 모르는 일이다.

　　대학 1학년에 쓴 「시월(十月)」은 비록 계절은 가을로 바뀌었으나 동학사의 추억에서 나온 것이다.

　　아뇨,
　　석등 곁에

밤 물소리.

누이야 무엇 하나
달이 지는데
밀물지는 고물에서
눈을 감듯이

바람은 사면에서 빈 가지를
하나 남은 사랑처럼 흔들고 있다.

아니,
석등 곁에
밤 물소리.

—「시월」제4마디

동학사에서 며칠 살아보지 않았다면 아마 이런 구절을 쓸 수 없었을 것이다. 뿐만 아니라 다음 마디에 나오는 낙엽 지는 '느릅나무'도 등장하지 못했을 것이고, '절 뒷울 안에서 내려다보는 광경'은 물론 어쩌면 「시월」자체가 안 생겨났을지도 모른다. 한 달 전엔가 김구용 선생의 빈소를 다녀오며 새삼 내가 사는 세상이 바뀌었음을 실감했다. 그는 나 하고 같이 술을 마시며 정열적으로 문학을 이야기한 첫 번째 어른이었던 것이다.

두 번째 어른은 김수영 선생이다. 대학에 다니며 서정주 선생의 추천을 받아《현대문학》에 데뷔하고 만난 선배들은 거의 모두 술좌석에서 문학 얘기를 못 하게 했다. '어려운 얘기 말고 술이나 마셔!'였던 것이다. 그때 그들의 태도가 문학에 대한 무지에서 나왔다고는 생각하지 않는다. 오랜 좌우익 싸움에서 혼쭐 빠진 사람들이 자기 방어를 위해 자신도 모르게 획득한 버릇이었다고 생각된다. 집에서 열리곤 하던 아버님의 술좌석에서는 이따금 문학을 논하는 소리가 들리곤 했으나 그 자리에 낄 재미는 없고 해서 체념을 하고 살던 중 김수영 선생을 만나게 되었던 것이다.

그동안 서로의 얼굴은 알고 있었으나 어느 날 탤런트 배우 최불암의 모친이 경영하던 술집 '은성'에서 단둘이 만나게 되었다. 그 집은 명동극장과 명동서점을 낀 큰길에서 명동성당으로 넘어가는 언덕 왼편 골목 입구에 있었기 때문에 저녁에 명동에서 술꾼들이 만나면 누가 말을 꺼내지 않아도 발길이 저절로 그쪽으로 향하곤 하던 집이었다. 우선 값이 쌌다. 주로 막걸리를 팔았는데 밀주가 섞였는지 질이 그만하면 괜찮았고 빈대떡과 고추장에 찍어 먹는 북어구이를 주로 한 값이 헐한 안주도 좋았다. 거기에 어느 날 우연히 혼자 들른 나는 역시 혼자 들른 김 선생을 만나게 된 것이다. 김 선생과 나는 막걸리를 몇 주전자 비우며 몰아의 상태로 들어가면서 엘리엇과 엠프슨(William Empson)에 대해 격렬한 논쟁을 했다고 기억된다. 그는 엠프슨이 엘리엇보다 한수 위 시인이라는 것이었다. 나도 당시 엘리엇에 별로 호감을 가지고 있지 않았으나, 그래도 영문학도로서 시인 엠프슨을 더 높이 평가할 수는 없었다. 그러나 논쟁을 하며 나는 보는 관점에 따라 엠프슨이 더 뚜렷한 시인이 될 수도 있는 공간이 있다는 사실을 깨닫게 되었다. 게다가 평론가로 보면 엠프슨의 『모호성의 일곱 가지 타입』이 엘리엇 것보다 더 명징하고 재미있는 평문일 수가 있었고, 또 그의 동경대학과 북경대학 영문과 교수생활이 엘리엇보다 더 범세계적이고 더 인간적인 냄새를 지니게 했다는 판단을 받을 수도 있었을 것이다. 그 후 여러 번이라고는 할 수 없으나 몇 차례 만나는 동안 선생과 나는 문학토론을 많이 했다. 그는 자신과 연령이 비슷한 다른 시인들과는 달리 프랑스의 상징주의나 릴케에 대해 별 관심이 없었다. 예를 들어 김춘수 선생의 릴케에게 바친 지극한 시들을 보라. 그는 또 랭보에게도 발레리에게도 별로 말이 없었다. 오든과 스펜더 얘기가 꽤 나온 것으로 보아 그는 영문학에 더 관심이 있었다고 생각된다. 여하튼 그는 자신의 개성으로 무장한 시론을 가지고 초기에 빠졌던 모더니즘에서 벗어나고 있었던 것이다. 아마 박인환 선생이 그때까지 생존해 있어서 내가 그와 문학토론을 했다면, 또는 전봉건 선생이 당뇨병에 걸리지 않아서 술을 마시며 문학토론을 했다면, 개성 있는 문학관보다는 일본을 경유한 유럽 쉬르레알리즘 시론의 재탕을 들었을 가능성이 더 컸을 것이라는 추측을 할 수 있다.

김수영 선생과 나는 둘 다 술고래는 못 되었으나 약간씩의 과음의 황홀을 통해 서로의 약점을 감추지 않고 맞부딪는 몰아의 경지만은 누렸다고 생각된다. 그 누림이 그의 12주기인 1980년 다음과 같은 「김수영의 시세계」라는 글을 일간신문에 쓰게 했다. 이 글은 2001년

펴낸 산문집 『젖은 손으로 돌아보라』에서 실수로 빠트린 글이다.(이렇게 빠진 글이 어디 이 하나뿐이겠는가.) 김수영 선생과의 이야기는 이 글로 끝나지 않고 다음 글에도 이어질 것이다. 술 이야기를 어떻게 40매 1회로 끝낼 수 있단 말인가.

*

　김수영의 12주기가 다가온다. 그의 무덤가에 서 있는 시비(詩碑)의 이끼에도 연륜이 붙고 그 위에 또 새 이끼가 피기 시작했을 것이다.
　그의 처음과 마지막을 한눈에 볼 수 있는 시간적인 거리를 우리는 가지게 되었다. 그러나 작고한 다른 시인들과는 달리 그의 시와 산문이 지니고 있는 '지금 이 자리'의 열기(熱氣)는 그 시간적 거리를 거듭 엊그제로 만든다. 그렇다. 인간 김수영을 한마디로 표현한다면 열기일 것이다. 작고하기 전 몇 년간 그는 젊은 문학도에게 거의 유일한 문학토론 상대자였다. 다방에서 술자리에서 그는 약점을 감추려 하지 않고 전신으로 삶과 문학을 이야기하곤 했다. 당시 대부분 선배들은 후배들이 문학이나 삶의 심층을 거론하면 어려운 얘기하지 맙시다, 하곤 했다. 김수영이 그들보다 지적(知的)이어서 대화를 감당할 수 있었다고 할 수도 있겠지만, 보다는 그의 정열이 그렇게 만들었을 것이다.
　김수영은 시 쓰는 일이 어렵기 때문에 시에 뛰어든 인간이었다. 그의 말을 빌린다면 시는 '불가능의 추구'였던 것이다. 그 추구를 감내하게 만든 것은 속이는 자신까지도 속이는 자신을 발견하려는 그의 정직이었을 것이다. 그는 아내뿐 아니라 자신까지도 '적'으로 만들었다. 그 정직은 당시 대부분의 시인들이 즐겨 쓴 '시적인 탈'을 거부하도록 했다. 한용운과 김소월의 '버림받은 여인의 탈', 서정주의 '저주받은 시인의 탈'을 거친 '탈속(脫俗)의 탈'을 염두에 둔다면 김수영의 '탈의 없음'이 실감날 것이다. 당시 모더니스트들의 '정신적 귀족주의의 탈'도 그는 과감히 거부했다.

탈의 유무가 물론 가치판단의 기준이 되지는 않는다. 육성의 고집이 시야의 확대와 거기에 따르는 삶의 확대에 장애가 될 수도 있고 '탈'이 어느 정도 완충벽 역할을 해주기도 하는 것이다. 여하튼 그 한계를 커버한 것이 그의 지성과 정열이다. 그것이 부족할 때 그를 따르는 '정직한' 후배들은 '탈을 거부한 포즈를 가진 시인의 탈'을 흔히 쓰게 되는 것이다. 돌이켜볼 때 그는 부정의 시인이 아니라, 거부의 시인이 아니라, 긍정의 시인이었다. 예를 들어 「거대한 뿌리」와 「사랑의 변주곡」을 읽어보라. 일제치하의 청소년 시절, 해방, 좌우익 싸움, 6·25, 4·19, 5·16, 그 모든 것은 하나의 연속 고리를 이루어 그에게 상처를 주었고, 그는 그 상처를 동력으로 삼았다. 그는 상처를 '전신으로' 밀고 나가자고 노래했다.

마음의 상처를 받을 때 나는 그의 무덤에 가서 술 한 잔 따라 놓고 혼자 몇 잔 거푸 마시거나, 여의치 않을 때는 그곳에 가 있는 나를 상상하곤 한다. 무덤 곁에 있는 그의 시비 앞에 서면 그가 그 특유의 허스키 보이스로 '전신으로!'라고 속삭이는 것 같다. (2002)

삶의 도취

술을 소개한 책을 보면 술의 기원은 대략 1만 년 전 현생 인류의 중석기시대 말까지 밟아 올라갈 수 있다고 한다. 그러나 원숭이들 가운데 과일을 씹어 움푹 패인 나무구멍 같은 곳에 뱉어 저장해두었다가 그것이 발효되어 술이 되면 마시고 즐기는 무리들도 있다고 하니 어쩌면 현생 인류의 기원보다도 더 오래일지도 모른다. 2만 년이 넘는다는 라스코를 비롯한 동굴벽화 사진을 볼 때마다 나는 강하게 술이 주는 몰아(沒我)의 경지를 느끼곤 한다. 한잔하지 않았다면, 아니면 한잔했던 법열(法悅)의 체험의 밑받침이 없다면, 어떻게 희미하게 펄럭이는 횃불 아래서 자기들이 사냥하는 동물의 실체들을 그처럼 남의 혼을 뺄 만큼 생생하게 재현할 수 있었을 것인가.

하기는 우리는 술뿐 아니라 삶에 취하기도 한다. 그러나 삶에 취한다는 말도 그 비유의 근거는 술이다. 바로 이 글을 쓰면서 나는 2년 전 잡지에 발표한 좀 긴 시 「풀이 무성한 좁은 길에서」의 끝머리에 있는 '마음의 동굴'이 생각나 옛 원고를 찾아내 몇 줄을 지워버리고 다음과 같이 고쳤다.

> 뒤를 돌아보지 않기로 한다.
> 내 마음의 동굴 벽에
> 새로운 그림이 그려진다.
> 왼손엔 횃불, 오른손엔 붓을 든 사내 하나가
> 큰 대(大)자로 취해 노래 부른다.
>
> — 마지막 5행

다른 글을 쓰다가 글의 주제 때문에 앞서 쓴 글을, 특히 시를, 고치는 경우의 예가 되겠지만, 보다는 내가 '취함'에 얼마나 끌리는가를 보여주는 예이기도 할 것이다.

술 이야기가 나오면 13년 전인가 저 혼자 재빨리 세상을 뜬 '괘씸한' 김현과의 술 이야기를 빼놓을 수 없다. 그와의 술 역사는 1960년대 초로 거슬러 올라가지만, 본격적으로 술을 가운데 두고 마주앉게 된 것은 내가 반포동 미주 아파트로 이사 가서 산 1980년대 10년 동안이다. 그는 그때 반포 주공아파트에 살았으니 버스 한 정거장 거리였다. 우리는 시간이 날 때마다 '반포치킨'에서 만나 술을 마셨다. 다진 마늘을 많이 바르고 구워 닭 맛도 좋았지만 맥주 값도 비교적 저렴했고 또 마담도 서글서글해서 좋았다. 이 글을 쓰기 3주 전쯤 거의

10년 만에 그 집에 들렀는데 여주인이 나를 알아본 것은 물론 그만하면 곱게 늙어 가고 있어 기분이 좋았다. 그 '반포치킨'에서 우리는 둘이 그리고 때로는 여럿이 80년대 초에는 11시 45분까지, 통행금지가 없어진 다음에는 12시 반까지 술을 마시며 떠들고 또 술을 마셨다. 주로 소주를 마시던 내가 본격적으로 맥주를 마시기 시작한 곳도 '반포치킨'이다.

 그는 아는 게 많아 내가 새로 배운 것이 많았다. 그는 책을 그 누구보다도 빨리 읽고 요점을 금세 파악하곤 했다. 자연히 내가 한 마디 하면 그는 두 마디 하도록 되어 있었다. 그것이 싫기는커녕 그를 만나고 싶은 이유 가운데 하나가 되었다. 내가 전에는 말이 많은 편이었으나 평균 이하로 적어진 것이 반포동에 살고부터였지 않나 싶다. 그에게서 들은 것은 문학 얘기뿐이 아니고 내가 발설 않겠다는 다짐 혹은 묵계 속에서 들은 타인의 스캔들을 포함한 사람 사는 얘기도 많다. 나는 언젠가 세월이 지나면 그에게 미리 통고하고 나서 들은 얘기들을 발설하겠다고 마음먹은 적이 있는데 이제 그가 아주 가버렸으니 그것들은 그만 완전한 비밀이 되었다. 그가 하루쯤 되살아난다 하더라도 그런 얘기를 해도 좋으냐고 물을 틈은 아마 없으리라. '반포치킨'도 여전하고 길 건너 '대감복집'도 여전하니 밭은 시간에 맥주나 정종 잔을 주고받느라 정신이 없을 것이다.

 '반포치킨'에서 나와 10여 분 걸어 집으로 오는 길은 대개 자정 무렵이라 그때는 차도 거의 없었고 시원했다. 그 10여 분을 아끼려고 했는지, 아니면 초보운전 때라 자꾸 운전하고 싶은 생각이 들어서 그랬는지, 차를 구한 후로는 반포 술집과 집 사이에서 음주운전을 했다. 그때는 단속이 별로 없을 때였고 또 그 사이에는 파출소 같은 것도 없어 마음 놓고 운전하곤 했는데, 김현과 영영 헤어지기 조금 전 어느 날 아침 깨어보니 아파트 주차장에 서 있어야 할 차가 없는 것이었다. 아무리 찾아보아도 없어 분실신고를 하려고 엘리베이터를 타고 집으로 올라오다 혹시 주차장이 꽉 차서 옆에 있는 주공아파트 마당에 세운 것 같다는 희미한 기억이 떠올랐다. 옆 동 마당에 가보니 거기에도 차가 없었지만, 내친김에 다시 그 옆의 동에 가보니 거기 세워져 있었다. 차와 같은 엄청난 흉기를 모는 동안 무슨 일이 일어났는지도 모르는 상태가 반복된다면 어떻게 될 것인가? 다음부터는 술을 마시면 절대로 차를 몰지 않겠다는 결심을 했고, 담배 끊은 결단처럼 그 결심은 지금까지 지켜지고 있다. 이 점 또한, 김현에게 감사한다.

그와 오래 가까이 지냈으니 당연히 문학관도 비슷하리라고 생각하는 사람도 많겠으나, 그와 나의 문학을 보는 눈에는 상당한 차이가 있다. 그는 복합적인 비평가이기는 하나 여하튼 주제비평이 주특기이고 넓은 의미의 바슐라르 계통이다. 나는 시를 직접 쓰는 자라서 그런지 주제는 주제이고 시와 소설을 깎은 결(texture)과 인간의 혼이 직조되어 있는 짜임새를 등한히 할 수 없었다. 그러나 우리 사이의 그런 다름이 술의 도취 속에서는 별로 문제되지 않았고 어쩌면 다르다는 그 사실이 우리를 더 몰아의 경지로 몰아넣었는지도 모른다. 디오니소스제(祭)의 매력 가운데 하나는 여러 가지 잡다한 요소를 도취 속에 한 덩어리로 용해시키는 데 있는 것이 아닌가. 게다가 바슐라르 자신도 마지막에는 시의 짜임새를 다루기 시작하다가 세상을 떴던 것이다.

  그와 같이 마신 술의 양 때문일까, 술 마시며 주고받은 말의 양 때문일까, 생전이나 생후에 그에게 준 시 가운데 술에 대한 것이 꽤 있다. 그를 무덤에 묻은 날 술이 얼큰해 이성복 시인을 태우고 과속으로 그와의 마지막 추억의 장소를 벗어나다가(금주운전 결심을 깬 적도 있구나!), 양평의 산들이 패션쇼를 할 뻔 하다가, 교통 정리하던 의경한테 잡혀 딱지를 뗀 '사건'을 노래한 시도 있고(「김현 묻던 날」), 그의 삼주기(週忌) 날 책장에 숨겨 두었던 코냑을 꺼내 혼자 마시면서 네가 있는 곳에도 그 무렵 재미있게 본 영화 「서편제」 있니? 묻는 시도 있다(「김현의 본명은?」). 2000년 12월 대설 날, 그가 세상 뜬 후 11년 반 후, 그에게 준 시를 소개하기로 한다.

대설(大雪) 날
       —故 김현에게

겨울 하고도 흐린 날
눈도 제대로 내리지 않고
눈송이 몇 날려 놓고 바람만 불다 말다 하는 날
이 다 식은 지구 껍질에 미열(微熱)이나마 심을 것은
그래도 버섯구름이 아니라

알맞게 거냉(去冷)한 술 한 잔이라면
오늘 양평 네 잠들어 있는 곳에 가
찬 소주 대신
가슴에 품고 온 인간 체온의 청주 한잔 땅에 붓노니
그 땅이 네 무덤이건
우리 자주 들른 '반포치킨'이건
그냥 지나쳐버린 어슬어슬 산천이건

보이지 않는 바람 하나가 눈송이 하나 띄워 놓고
술 방금 받는 부운 위(胃)처럼 한번 부르르 몸을 떤다.

  김현이 마지막으로 술을, 그것도 술이라면, 같이 마신 사람이 나다. 그가 다음날엔가 이틀 후엔가 병원에 들어가기로 되어 있는 날 저녁 우리는 반포 '대감복집'에서 만났다. 물론 입원하기 전 복 수육이라도 먹여 보내자고 생각했기 때문이다. 그러나 그는 정종을 한 잔만 마시겠다고 우겼고, 사실 술 한 모금 없이 복 수육을 먹는다는 것도 고역 중 고역이라 꼭 한 잔으로 하고, 그가 한 잔 술을 조금씩 맛보는 동안 나는 혼자 술을 마시기 곤란했는데 잘되었다 하는 심정으로 그리고 울적한 마음을 달래려 서너 대포 했던 것 같다. 그것이 김현과의 마지막 대작이었다.
  그 후 반년 좀 넘어 김현이 타계하자, 내가 그와 마지막으로 술 마신 자라는 얘기가 나왔다. 그동안 나는 술을 그처럼 좋아했던 김현이 입원하기 전 꼭 한 잔 이별주를 마신 것을 그가 무의식적으로나마 감사히 여기리라고 생각하고 있었다. 그러나 막상 그 이야기가 나오고 보니 그가 마지막으로 술잔을 잡게 한 내가 그의 명을 며칠이라도 짧게 만들게 한 장본인이 아닌가 하는 자괴감이 들었다. 김현이 집에 가서 꼭 한 잔이었다는 사실을 부인에게 말했고, 부인도 그날 그의 멀쩡한 상태를 보고 그 말을 받아들였는지, 그 일은 유족 측에서도 친구들 사이에서도 더 문제되지 않았다. 나에게는 지금도 그날 일이 잘한 일인가 잘못한 일인가가 확실치 않다.

우리나라 문학 상황에서는 술이 긴요하다. 술이 인간과 인간 사이의 장벽을 허물어버려 인간 이해와 사랑에 도움이 된다는 그런 큰 뜻에서가 아니라, 우리나라 문학비평의 고통스럽지만 필요한 핵심 하나를 보완해주기 때문이다. 80년대부터 글로 씌어지는 대부분의 한국비평은 누군가 '주례사 비평'이라고 했듯이 온통 잘 봐주기 비평이 대부분이다. A라는 작품은 이래서 좋고 B라는 작품은 저래서 좋다. C는 C대로, D는 D대로 좋다. 그건 중고등학교 국어교사가 교과서에 실린 작품을 학생들에게 가르칠 때 어쩔 수 없이 하게 되는 일인데, 우리 문학평론 판이 바로 그 수준이 될 위험에 처해 있는 것이다. 혹시 비판이 있더라도, 독자는 작품보다는 비평자의 정치적 입장이 그런 비판을 유도하고 있지 않나 하는 의심을 하면 편해지는 세상이 된 것이다.

그러나 술판에서는 진짜 비평이 행해진다. 숨어 있거나 무시당하던 작가나 시인이 전면에 나서기도 하고 잘나가는 작가나 시인이 눈

앞에서 여지없이 빠개지기도 한다. 소화불량에 걸린 문학이론 정도는 사정없이 내팽개쳐진다. 그러다가 언쟁도 일어나고 다툼도 일어난다. 그러나 이런 진짜 대화의 마당마저 없다면 우리 문학이 얼마나 더 좀스럽고 삭막하게 될까를 생각하면, 다시 한 번 술에 감사하게 된다.

 술좌석에서 한 말과 글로 쓴 말의 편차가 적은 사람이 김현을 비롯해 몇 있지만, 특징적으로 김수영 선생을 들 수 있다. 그는 자기 마음대로 글을 쓸 수 있도록 주어진 몇 년 안 되는 기간 동안, 호불호가 분명한 글을 썼다. 그의 이론에는 동조할 수 없는 것도 있지만, 그는 시 비슷한 시를 혐오했고 내 자세도 그와 같았다. 그는 자신이 방금 벗어난 '모더니즘'에서 채 벗어나지 못한 모방시들을 경멸했고, 나도 그런 시들은 경멸했다. 우리 둘에게서 폄당한 시인 하나를 들라면 박인환이 있다. 그는 생경한 일본식 모더니즘 시를 썼거나 그 반대로 유행가에 가까운 시를 썼다. 김수영보다도 일찍 죽었기 때문이기도 하겠지만 그는 자기 자신을 채 세우지 못하고 간 것이다. 그가 즐겨 마셨다고 쓴 조니 워커(그때는 대부분 가짜였다)나 숙녀가 탔다는 목마(전쟁 직후에 성숙한 여인이 탈 수 있는 목마란 우리나라에 없었다)를 우리는 경멸했다. 그리고 서정주의 시를 둘 다 무척 좋아하면서도 그의 지나친 토속어 의존에는 걱정을 했다. '지금 이 자리'의 삶을 담는 데 장애가 될 수 있기 때문이었다. 몰아의 상태에서 말을 주고받았으므로 어느 부분이 김수영 선생 것이고 어느 것이 내 것인지

분명하지 않는 대목이 많다.

    그는 내가 별로 좋아하지 않는 자신의 신세 한탄 시들도 남겼으나, 그는 그런 시들을 변호하려 들지 않았다. 삶의 흔적인 것이다. 그의 짧은 시 생애 끝머리에 쓴 「전향기」 같은 것도 물론 해학과 조소의 재미로 읽으면 읽을 만하겠지만 나는 별로 좋아하지 않는다. 그가 더 오래 살았다면 그 자신도 별로 좋아하지 않았을 것이라는 생각이 든다. 하여간 그는 일찍 타계했고, 그러나 내 마음속에서는 죽지 않았다. 작고 후 얼마 뒤에 시 두 편으로 된 「김수영 무덤」을 썼고, 또 민음사 김수영 전집의 별책으로 그에 대한 글들을 모아 『김수영의 문학』으로 편찬하고 긴 서문을 썼다.

    작고한 지 10여 년 지난 후에는 「악어를 조심하라고?」라는 좀 기이하고 긴 시를 쓰게 되었고, 그 시는 되살아난 김 선생과 술 한잔하며 같이 어깨춤 추며 노래 부르는 장면으로 끝난다. 그 장면은 김수영 생전에는 있었으나 시를 쓸 때는 이미 없어진 종묘 앞 돼지 갈비집이었다. 소갈비집들 속에 묻혀 있는 그 집의 돼지고기가 값도 싸고 술안주로도 좋아 몇 번 들른 집이었다. 당시 용달차였던 말 달구지를 끄는 조랑말들이 모여 추울 때는 겁먹은 눈으로 서 있던 곳이었다. 거기서 나는 문틈으로 눈 맞는 종묘를 보고 혼자 그 술집에 들러 술을 마시며 당시 성북동이나 삼청동에 사는 갑부들이 애완용으로 기른다고 소문난 악어도 생각하고 그 악어가 도망쳐 복개된 청계천을 따라 내려가 강남 어디 아파트 옥상에 기어 올라가 배를 콘크리트에 붙이고 서울 거리를 내려다보면 어떤 느낌을 갖게 될까도 생각했다.

그리고는 학교 영문학 시간에 가르치고 있는 '탈(mask)이론'과 '객관상관물이론'에 대해서도 생각했다. 그러다가 나 자신의 객관상관물은 무엇일까에 생각이 미쳤다. '아파트 계단을 도로 내려가는 악어?' 그때 뒤에서 귀에 익은 허스키 목소리가 들려온 것이다.

'황형, 혼자 술 드는 폼
여직 어색하군요.'
귀 익은 목소리에 얼핏 뒤돌아보니
민음사판 전집 사진 속에서처럼
티셔츠에 앙상한 몰골로 김수영이 앉아 있다.
양복 웃도리를 술상에 걸쳐 놓고
3센티쯤 자란 머리카락에
입웃음을 웃으며.

나 취했구나!
허지만 2홉병 하나 채 넘어뜨리지 못했는데
두 눈 비비고 남은 잔 비우고
다시 뒤돌아본다.
'그리고 황형은 혼자 살 줄을 몰라.
오늘 같은 날도 날 부르니.'

종묘 앞 싸락눈 덕분이겠죠.

(예전엔 달구지 끄는 조랑말들이

깊은 생각에 잠겨

큰 눈 껌벅이며 눈을 맞던 곳.)

'아니 자리 옮기지 맙시다.

마주앉으면 내가 도망치고 싶어질 거요.

그건 그렇고 요즘 글 쓰는 사람들

다 잘 있습니까?'

(우린 다 잘 있는가?)

잘 있지요.

특히 젊은 친구들 열심히 쓰고 있습니다.

'젊은애들에 대한 야분가요?'

(야부, 그 상처!

생(生)배와 아스팔트가 맞닿는 그 감촉.)

독설 여전하시군요.

그런데 오랜만에 서울 들르신 느낌 어떻습니까?

'상처받은 자들이 많더군요.

술집에서 속 털어놓고 한 말과

반대되는 이야기를 글로 쓴 자들 마음속에
혹처럼 자라는 상처.'

없앨 방법은?
(전정 가위론 안 되겠지.)

'없애긴 왜 없애요?'

(그렇지, 눈을 감기 위해 눈을 봉할 순 없지.)
화가 날 때는?

'부셔!'

기분 좋을 땐?

'마셔!'

'셔라?'

'부셔, 마셔!'
그렇다면 셔!

'적셔!'

'셔!'를 운(韻)으로 하는 말의 불꽃놀이를 하고 나서 서로 인간적인 상처들을 감추지 않고 같이 어깨춤을 추며 한 덩어리로 용해되는 몰아의 경지, 술의 경지를 향해 함께 노래하는 것으로 이 시는 끝난다. 김수영 선생이 생각날 때면, 아직 그 노래가 끝나지 않았다는 생각이 든다. (2002)

역마(驛馬)

 마음에 떠올릴 때마다 참 안됐다고 생각하게 만드는 사람들이 있다. 그 사람 하면, 아 유머가 일품이지, 아 걔는 여자/남자 사귀는 일에는 귀신이야, 술 하면 바로 그 친구지, 등등에서 어느 하나도 떠오르지 않는 사람들. 그냥 착하고 바르게 사는 사람들…… 글을 짜릿하게 쓰던가, 바둑을 프로급으로 두던가, 같이 살고 있는 동식물의 생태 관찰에 놀라운 깊이를 가지고 있던가. 그런데 나는 무엇으로 다른 사람의 상상력 속에 떠오르게 될까? 이제는 술도 별 볼일 없이 줄었으니, 전처럼 신나게는 못 하더라도, 그리고 역마살 급은 못 되지만 역마끼 급은 될 것 같은, 나의 여행벽이 떠오르지 않을까.
 죽은 김현이 오래 전에 내뱉은 말이 있다. '황 선생 아니면 여행 힘들겠어!' 대충 20년 전 일이다. 그때 김현 홍신선 김정웅 그리고 나는 한 여행 팀을 이루어, 몇 년 후 내가 차를 구한 뒤로는 주로 내 차를 이용했으나, 인삼밭을 경영하느라 당시는 흔치 않은 승용차를 가지고 있던 김정웅의 차를 타고 자주 여행을 즐기곤 했다. 늦겨울이었다. 새벽에 서울을 떠나 제천 의림지에 들렀다가 부석사를 둘러보고 절 아랫말에서 진짜 두부를 맛본 우리는(그 당시 서울을 비롯한 6대 도시에서는 콩기름 빼고 난 재료로 두부를 만들도록 했고, 따라서 시골 두부는 초당두부 같은 명품이 아니더라도 고소하고 맛있었다) 짧은 겨울날이 어두워지고 있어 국도를 두고 지름길로 질러간다는 것이 비포장도로로 들어가 돌아가는 국도보다 시간이 두 배쯤 되게 허우적거리다가 저녁 늦게 안동에 도착했다. 당시 도로 상태로는 빠듯한 하루 여행이었고 모두 피곤해 있었다.

그러나 여관을 정하자 우리 넷은 서둘러 초행인 안동 장거리로 나갔다. 소도시의 거리는 다 비슷비슷했으나 안동은 그래도 다른 데가 있었다. 교통신호등도 없었고 눈에 띄는 큰 술집도 없었다. 몇 년 후 가보니 교통신호등이 두 갠가 만들어져 있었다. 안동 택시들이 타 지역에 가서 교통신호 위반으로 자주 걸리기 때문에 실습을 위해 만들었다고 했다. 반은 농담이었겠지만 당시 소도시에는 실제로 신호등이 불필요할 정도로 거리에 차가 붐비지 않았을 뿐만 아니라 한산했다. 촌스러우면서도 차분한 느낌을 주는 도시였다. 후에 홍신선이 멀리 안동대학 교수로 부임할 용기를 낸 것도 아마 첫인상이 좋았기 때문일 것이다.

밥집에 들어가 술과 밥으로 위와 허기를 채우고 우리는 소도시의 정적을 일부러 깨트리고 싶었는지 술집을 두어 군데 떠들며 들렀고,

노래방은 물론 그 비슷한 것도 없던 때라 큰 소리로 유행가를 부르며 장거리를 돌아다녔다. 상인들이나 행인들이 웬 서울 녀석들인가 하는 정도로 못 본 체하는 눈치여서 오랜만에 비장의 곡들을 뽑기도 했다. 목이 컬컬해지자 우리는 맥주를 한 아름 사 가지고 여관에 돌아왔다.

    그때만 해도 술 마시면 할 이야기가 얼마나 많았는지, 1시가 지나자 나는 쓰러져 잠들고 나머지 셋은 한 시간쯤 더 있다가 잤다는데, 아침이 되어 내가 낯선 곳에 오면 늘 그렇듯이 일찍 깨어 산책을 하고 돌아왔을 때도 셋은 그냥 정신없이 자고 있었다. 신문을 보며 그들이 깨기를 한참 기다리다보니 배가 고파와 결국 깨우고 말았다. 김현과 홍신선은 곧 생시로 돌아왔으나 김정웅은 아무리 해도 잠에서 헤어나지 못해, 안동에서 하릴없이 하루를 더 묵을 판이 되었다. 그러면 다음날은 아마 서울 가기에 바쁠 것이다. 그때까지 우리 가운데 아무도 못 가본 도산서원과 하회를 그냥 두고 어떻게 서울로 돌아가지? 카드 같은 것이 아직 없을 때라 호주머니에 꿰고 다닌 넉넉지 못한 여비도 문제였지만 그때 하루 더 미루지 못할 일들이 서울에서 우리 중 두 사람을 기다리고 있었다. 참다못해 내가 용기를 내서 김 시인의 이부자리를 확 뽑아 그를 방바닥에 내동댕이쳤다. 그러자 그는 주섬주섬 옷을 입기 시작했고, 그때 김현이 한 말이다. '황 선생 아니면 여행 힘들겠어.'

    나의 이런 '결단'이 이 글을 쓰고 있는 지금보다 1년 반쯤 전 황지우 시인이 낀 여행에서는 이상한 결과를 낳았다. 김현이 타계하고 나서 나와 자주 여행하는 사람들도 변해서, 김윤배 김명인 하응백 등이 새로 끼고, 주로 사진기를 가지고 다니던 김정웅은 낙향한 후 덜 끼게 되었지만, 내 여행 팀의 누구도 사진 찍는 일에 별로 신경 쓰지 않는다. 참 그 여행에는 황지우 외에 중앙일보 문학담당 이경철 기자도 끼어 있었고, 차는 물론 내 차만으로는 안 돼 김윤배의 차까지 동원되었다. 여행할 때 우리들은 기념사진이나 그날 그 시간에 서울에 있지 않았다는 알리바이용 사진이나 찍었을까, 멋있는 풍경이나 장면들은 주로 마음속에 담고 다녔다. 어느 세월에 여기저기 흩어져 있는 사진들을 새로 찾아보며 옛 추억에 잠기겠는가. 그러려면 여행을 한 번 더 하지. 그리고 기억력보다는 상상력이 가미되어 더 간절해지곤 하는 추억력(追憶力)이 더 낫지 않겠는가! 그러나 황지우 시인은 달랐다. 그는 우리가 주로 들고 다니던 일본제 카메라가 아닌 수동식 라이카를 우리에게 들이대곤 했다.

삼척에 있는 김명인 시인 친척 집에 가서 헐한 값으로 마음껏 먹은 영덕 게와 마음껏 마신 술에 취해 꿈속에서 동해 용궁이 된 서울 사당동 거리를 헤매고 아침에 복국을 마시고 이 세상에 돌아온 후 백암온천 가는 길 내내 들르는 곳마다 황 시인은 우리를 한 줄로 서게 하거나 우리를 내버려두고 카메라를 들고 돌아다니곤 했다. 죽서루 같은 데서는 그를 기다리다 못해 우리들은 하릴없이 세워 둔 차 근처에 와서 대기하고 있기도 했다. 그게 마음에 걸렸던지, 얼마 후 서울에선 황지우가 그러던데 황동규는 가는 곳마다 서둘러 길을 떠나자고 한다, 라는 말이 떠돌았다. 나중에 받아본 '예술적인' 흑백사진들이 황지우에게는 눈으로 보는 것 외에 사진기 렌즈로 보는 게 따로 있어 구경하는 데 시간이 오래 걸리는구나 이해하게 했지만, 지금도 한 줄로 서서 불명확한 미소를 얼굴에 만들어 달고 기념사진 몇 장 찍는 것이 아닌 여러 다른 자세와 표정으로 거푸 찍거나 일행들을 세워놓고 저 혼자 따로 한참 동안 풍경이나 문화재를 찍으러 돌아다니는 일행에는 마음이 가지 않는다. 그런 일을 위해서는 황지우 못지않을 강운구를 비롯한 전문가들의 렌즈가 또 있는 것이다.

　아마 급한 내 성질 탓이기도 하겠지만, 여행에 미쳐 떠돌던 불편했던 젊은 시절 하루에 한두 번밖에 없는 버스 때문에 처음에 정한 여정을 강행하는 습관이 생겼을 것이다. 그리고 이 좁은 나라에서 여기는 언젠가 또 올 수밖에 없는 곳이지, 하는 운명적인 의식이 그 습관에 물과 거름을 주었을 것이다. 하기는 기억에 떠오른 곳들은 대개 두 번 이상 간 곳들이다. 남도 길목에 있는 선운사 같은 곳은 벌써 예닐곱 차례는 갔을 것이다. 이상하다. 그곳은 지금도 또 가고 싶다. 그러고보니 그 유명한 동백이 만발한 선운사는 한 번도 본 적이 없구나. 동백꽃을 마음에 두고 별러서 간 적도 두 번이나 되는데, 늘 며칠 일렀다. 이번에 들르면 선운사 자체보다는 십 리쯤 올라가야 하는 도솔암에 먼저 들러 양편에 대를 심은 돌계단을 기듯 올라가 만나게 되는 내원궁(內院宮) 속에 의젓이 앉아 있는 조선시대의 뛰어난 조각 지장보살상을 다시 보고 싶다. 그리고는 거대한 마애불상 뒤쪽으로 올라가 망망대해는 아니지만 그래도 끝이 안 보이는 황해의 석양을 보고 싶다.

김정웅 시인을 강제로 차에 태우고 당시에는 다른 누구도 운전면허증이 없었으므로 또 강제로 운전시켜 이퇴계의 도산서원과 봉정사를 돌아본 후에 들른 하회 일을 잊을 수 없다. 겨울비가 내린 비포장 도로로 한참 들어가야 하는 아름다운 곳이었다. 낙동강 물과 병풍바위와 건물들이 얼마나 잘 어울리던지. 서애 유성룡 가문의 지금 종손이 서울 직장을 갓 버리고 가통을 잇기 위해 내려와 있었다. 당시만 해도 엘리자베스 여왕이 하회를 방문하기 한참 전인 한적한 때라 종손은 우리를 맞아 인사를 나누고 차도 한 잔 내놓고 몸소 마을 안내까지 해주었다. 기와집들을 둘러싸고 있는 초가집들을 보고, 나도 이것쯤은 안다는 표시로 아 저 집들은 상민(常民)들의 집이군요 했다. 그러나 그는 태연히, '맞습니다, 상놈들의 집이지요, 저건 종놈들의 집이구요' 했다. 인사하며 나이가 나보다 몇 위 아닌 것을 알고 있었고 바로 얼마 전 서울서 정리하고 온 직업이 모 여고 교사였다는 사실을 알고 있던 나는 적이 놀랐다. 그는 사대부 집안의 후예라는 의식을 억제할 수 없을 만큼 지니고 있는 것이었다. 후에 그와 비슷한 입장에 있는 사람들과도 상종을 하다 보니 그의 반응이 극히 자연스러운 것일 수도 있다는 사실을 알게 되었지만, 그때는 참 시대착오적인 사람들도 있구나, 하는 생각을 떨칠 수 없었다. 여하튼 그는 내가, 아니 우리가, 처음으로 만나 인사를 나눈 '진짜박이' 양반이었던 것이다.

유성룡을 모시는 집의 당호 충효당 현판은 조선 숙종 때 전서(篆書)체로 이름을 날린 남인의 영수 허목이 썼다. 서예를 보는 내 안목에 문제는 있겠지만, 그 글씨는 아무리 좋게 보려고 해도 좋게 볼 수 없었다. 후에 서도를 좀 아는 이들에게 물어도 그 글씨가 좋다는 사람은 없었다. 어린이처럼 '졸하게' 쓰려고 했으나 어린이의 순진함이 없고 졸(拙)만 남은 글씨 같았다. 서애의 후손이 그것을 몰랐을 리 없겠지만, 허목의 명성을 생각해서 '자랑스럽게' 걸어 놓은 것 같다. 허목의 글씨가 원래 형편없다는 얘기가 아니다. 후에 삼척에 가서 만난 동해의 아름다움을 노래한 허목의 전서 척주동해비는, 비록 뒤에 되새긴 것이라지만, 내 눈에도 아기자기하고 아름다웠다.

  여행에는 크던 작든 놀라움이 따른다. 그 놀라움이 기대하지 않던 멋진 자연이나 아름다운 문화재를 만나는 놀라움일 수도 있고 어처구니없는 일을 만나는 놀라움일 수도 있다. 그것들이 몇씩 낀 여행을 하나 되살려보자. 3년 전 마침 샌프란시스코에서 한국학 연구소를 경영하고 있는 고등학교 동기 동창 홍순경이 온 김에 고등학교 동기들인 인하대학 민속학 교수 김광언, 정신과 병원장 신상철과 함께 신의 지프차로 남도 여행을 떠난 적이 있었다. 우선 부안군 개암사에 들러 아름다운 대웅전과 멋진 울금바위를 보고 선운사에 들러 경내를 둘러본 후 도솔암에 올라가 조금 전에 지금 다시 보고 싶다고 한 지장보살을 만나고 내려와 담양군에 있는 한 장급 여관에 가서 일박했다. 다음날 들른 화순군 운주사, 주차장에 차를 세우고 절 안으로 들어가던 나는 깜짝 놀랐다. 오른편으로 새로 지은 건물 속에 바로 전날 저녁에 본 지장보살이 앉아 있는 것이 않은가! 잘못 보았는가 싶어 눈을 비비고 다시 보았다. 틀림없이 그 보살이었다.

사람에 따라서는 모작을 만들면 왜 안 되는가, 우수한 불상을 많이 만들어 보급하면 좋지 않겠는가, 되물을 수 있을 것이다. 그러나 이탈리아에 가면 도시마다 장엄하고 아름다운 두오모(대성당)가 있다. 그러나 어디 비슷한 모습을 가지고 있는 두 두오모를 본 적이 있는가? 성당 내부를 치장하는 조각이나 그림 가운데 같은 것을 본 적이 있는가? 종교가 예술 창조의 어머니였음을 단적으로 보여주는 예이다. 만일 저 성스러운 석굴암 대불을 가는 절마다 보게 된다면 얼마나 끔찍하겠는가. 지금 불교 교단뿐만 아니라 사회에서 문제가 되고 있는 새로 만든다는 해인사 대불은 우선 모형만 보고도 실망했다. 조그만 사진만 가지고는 확언할 수 없으나 석굴암 대불을 흉내 낸 것 아니면 비슷하게 본뜬 것이다. 석굴암 부처는 동향한 입구가 있는 동굴 속에서 둘러선 10대 제자들과 보살들 가운데 앉아 있어야 하는 것이다. 낙산사에 얼마 전에 세운 수중 관세음상은 그 크기도 대단하지만 새로 창작해서 아름답고 귀한 것이다. 지금 이 시대에 불상을 조성한다면 이 시대정신에 맞는 상을 만들어야 한다. 수덕사에서 정혜사로 올라가다 만나게 되는 만공 부도도 좀 지나치게 에로틱하지만 생명력이 있는 현대적인 구조물이다.

  굳이 흠 잡자고 하는 말이 아니다. 지금 절에 새로 세우는 석물들 가운데는 오래된 지난 유물들을 모방한 것이 많다. 절에 돈이 남아돌아 불사를 계속 일으켜도 창조적인 정신이 없으면, '소리 나는 구리와 울리는 꽹과리에' 지나지 않을 것이다. 선운사 지장보살은 한 십리 산길로 오르다가 대숲을 헤치고 만든 돌계단으로 올라가 호젓이 만나게 되는 내원궁에 지난 몇 백 년 동안 그랬던 것처럼 앉아 있어야 제격인 것이다.

그 여행은 운주사에서 미리 대충 세웠던 계획에서 벗어나게 된다. 다음 목표가 장흥 보림사였는데 포장된 국도나 지방도로 한참 우회해 갈 것이 아니라 차가 사륜구동 지프인 만큼 빈 트럭이면 넘을 수 있는 길이 새로 생겼다는 비포장도로도 아닌 산길로 가자고 넷이 의견의 합치를 본 것이다. 내가 들고 간 10만 분의 1 지도에 점선으로도 그려지지 않은 길이었다. 그러나 길에서 만난 사람들이 우리 지프차를 흘깃흘깃 보며 우치길로 가면 된다고 한결같이 말했기 때문에 이왕이면 사람들이 많이 안 간 길로 가자고 작정했던 것이다.

우치(牛峙)라니, 아마 예전에 달구지를 달지 않은 소를 몰며, 때로는 소에 줄을 감고 매달려 넘던 고개였던 것 같다. 도처에 난관이 앞을 가로막았다. 사륜구동에 최저단 기어로 간신히 오를 수 있는 곳이 있었고 중간에 다른 차를 만나면 앞으로도 뒤로도 움치고 뛸 수 없는 곳도 있었다. 그러나 다행히 차를 한 대도 만나지 않고 화순군과 장흥군 경계에 있는 고개 정상에 올라가니 침엽수가 많은 강원도하고는 또 다른 잎갈이 나무가 주로 사는 기막힌 곳이 기다리고 있었다. 무사히 올랐구나. 새로 술병을 따서 한 잔씩 돌리며 앞뒤를 내려다보는 경치란! 한마디로 아직 이런 곳이 있었구나, 였다.

장흥 쪽이 지대가 높았는지 가파른 길을 조금 내려가자 곧 보림사였다. 그 갑작스러움이 또 조그만 놀라움을 주었다. 장흥읍에서는 한참 들어와야 닿을 수 있었는데. 그리고 10여 년 전부터 댐을 만든다고 입구부터 사방에 줄을 치고 야단하고 있었는데. 보림사는 내가 제일 좋아하는 크기와 아름다움을 가지고 있는 쌍석탑과 석등의 절이다. 고려시대에 강릉 굴산사와 더불어 양대 선맥(禪脈)의 하나였던 절이기도 하다. 그 선맥은 일연을 거쳐 태고 보우에까지 이른다. 보통 인간에 가까운 얼굴의 비로자나불상도 몇 번씩이고 눈을 끌기에 족하다. 앞으로 운주사 쪽에서 우치를 넘는 그 도로가 확장되고 포장되면, 서울 쪽에서 운주사를 먼저 들른 사람은, 그리고 보림사에서 운주사로 가는 사람은, 엄청나게 멋진 길을 하나 잃고 부스러기 시간을 얻게 될 것이다.

여행이 놀람을 준비하고 있는 것은, 일상의 삶에서 벗어나는 행위인 여행이 자신을 사랑하는 인간들을 위하여 당연히 예비하고 있는 선물이리라. 그것은 부석사 동쪽 뒷길에 들어갔다가 우연히 만나게 된 국보 201호인 봉화 북지리 마애여래좌상을 만난 여행도 한 예이다. 풍화에 심하게 시달렸지만 석굴암 대불보다도 더 인자하고 동시에 엄해보이는 품이 큰 부처 하나가 엉성한 보호각 속에서 우리 일행을 맞았던 것이다. 그 후 그 부근을 여행하다가 일부러 길을 돌아 그를 찾기도 했다. 언제나 그는 신선하게 나를 맞아주었다. 몇 년 전 비철에 들렸던 남해의 미조항에서는 둘이서 다 먹지 못한 큰 자연산 도다리가 5만 원짜리로 기다리고 있기도 했다.

김현이 세상 뜬 후 얼마 지나지 않아 홍신선 김정웅 나 셋이서 한 여행. 늦겨울 오후 내가 몰던 차는 깨끗하고 아름다운 절 청도 운문사를 구경하고 읍내 쪽으로 가고 있었다. 그러다가 우리가 운문사에 들어간 동안 길가의 물길이 터져 한 30미터 넓이로 펼쳐진 깊은 진흙판을 만나게 되었다. 그 속에 차가 빠지면 그야말로 오도 가도 못하고 갇히게 될 일, 그렇다고 당시 출입할 수 있는 찻길이 하나밖에 없던 운문사로 되돌아 갈 수도 없고. 다른 차가 어떻게 대처하는가 보려고 기다렸지만 오는 차도 가는 차도 없었다. 그렇다고 시간을 더 끌 수도 없고, 할 수 없지 한번 해보자, 하고 나는 차를 뒤로 한참 뽑았다가 맹속으로 돌진했다. 바퀴 대신 차의 동체로 진흙 위를 활강하는 일생 최초의 짜릿한 느낌! 그 느낌이 채 끝나기 전에 건너편에 닿았다. 더 이상 열거해서 무엇하랴. 이 글을 읽는 여러분의 마음속 구석구석에도 여행의 다른 놀라움들이 숨 쉬고 있을 것이다.

앞에 언급한 황지우 이경철과 같이 간 삼척 여행에서 영덕 게를 먹은 다음날 아침 우리는 조반 먹기 전 삼척 부두 겸 어시장인 곳으로 산책을 나갔다. 풍어는 아니었지만, 전날 아니면 어두운 새벽에 바다로 나갔던 배들이 돌아와 잡아 온 고기를 부리고 있었고, 콘크리트 바닥이나 큰 대야에 쏟아 놓은 고기들 가운데에는 처음 보는 신기한 것들도 있었다. 비릿한 냄새가 차차 익숙해지면서 건강한 삶의 냄새로 바뀌었다. 바다와 항구가 어느새 정다워졌다. 옆에 있던 하응백이 말했다. '한세상 여행만 하며 살았으면 한이 없겠어요.' 맞다. 나도 그러고 싶다. 그러나 그냥 여행만 한다면 그건 이미 여행이 아니다. 벗어날 삶이 있어야 여행인 것이다.   (2001)

안개 속에서

　우리나라에서 여름에 가장 더운 곳은 어디일까? 주저없이 대구라고 할 사람도 있고, 조금 생각해보고 아니 영천이라고 말할 사람도 있을 것이다. 내 경험에 의하면 그 두 곳은 확실히 더운 곳이고, 대구 출신은 대구, 영천 출신은 영천이 가장 더운 곳이라고 나에게 자신 있게 말했다. 금년 7월 신문에 진주가 전국 최고 기온 명단에 몇 번 오른 것을 기억하는 사람은 진주라고 말하기도 할 것이다. 그도 맞는 말이다. 금년 7월 진주는 참으로 더웠다. 그러나 어느 한 해가 아니고 평균치를 생각한다면 경남 합천을 들어야 할지도 모른다. 합천 하면 마음속에 군 북쪽 끝에 혹처럼 붙어 있는 가야산, 그 속에 들어 있는 해인사를 떠올리는 사람들은 고개를 갸웃하리라. 물론 그곳은 지대가 높은데다 산속이라 더위가 덜 심하다. 그러나 사방에 산들이 둘러싸고 있는 합천분지 중앙에 자리 잡고 있는 합천읍 부근의 더위는 문자 그대로 무지막지하다.

「역마」에서는 여행 메들리를 연주했으니 이번에는 합천의 더위가 피날레를 이루는 여행 하나만을 다루기로 한다. 피날레라는 말을 쓰니 축포가 터지는 그런 여행 같지만 때는 바야흐로 IMF 원년인 1998년, 텔레비전을 켜면 지하철역에 넘치는 노숙자들과 아이를 고아원에 맡기고 나오는 아버지들이 주역인 시대(지금은 끝났는가?), 마음 저린 상태를 제대로 풀지 못하고 한 학기 수업을 하고는 더 견딜 수 없어 국내 여행치고는 긴 5박 6일의 남해안 여행을 계획했던 것이다. 공적인 일은 여행 둘째 날 저녁 부산 파라다이스 호텔에서의 시 낭송뿐이었다. 나머지는 첫째 날 이태수 이성복 시인과 대구에서 만나 같이 저녁을 보내고, 마지막 전날에는 박태일 시인과 그의 고향 합천에서 만나기로 한 약속만을 가지고 6월 말 7월 초 어느 날 새벽, 차에 시동 걸었던 것이다.

그해 늦여름에 쓴 좀 긴 시 「안개의 유혹」에 그려져 있는 이 여행의 전반부는 대구 가는 경부고속도로에서 시작된다. 서울 톨게이트를 빠져나갈 때부터 뿌리기 시작한 장맛비는 대전 지나 영동에 이르자 시야를 5미터까지 줄이는 장대비가 되었다. 그야말로 사방이 캄캄했다. 와이퍼를 고속으로 회전시켜도 옆 차선은 숫제 보이지 않고 앞차의 미등만 간신히 보여 앞차의 속력 50킬로 미만으로 추풍령을 향해 기어가고 있었다. 장거리 여행 때마다 즐기던 음악은 틀 염도 내지 못했다. 그때 뒤에 차가 하나 바싹 따라 붙더니 길을 비키라고 하이빔을 계속 껌뻑껌뻑하는 것이 아닌가. 옆 차선이 전혀 안 보이는 상황에서 옆 레인으로 피해 줄 수도 없고, 이 장대비 속에서 어떡허지! 하며 고통스럽고 화가 치미는 20분을 운전한 마음이란. 추풍령에 올라 휴게소에 들르자 날이 개어 빗줄기도 뒤차도 사라졌지만, 뒤차의 뒷바퀴 하나쯤 펑크가 났으면 하고 바랐다. 앞바퀴 펑크는 대형사고가 날 수 있으니, 버릇없이 계속 껌뻑껌뻑한 죄로 갓길에 차를 세우고 억수비를 맞으며 바퀴를 새로 끼우는 벌을 받았으면 했던 것이다.

　우선 오랜만에 대구에 내려가 이태수 이성복 강문숙 박지영 등등의 시인들과 만났으나, IMF 때문에 신문사 재정상태가 나빠져 봉급이 깎인 이태수의 경우처럼 상처받은 사람들이 많아 전처럼 신나게 회포를 풀지는 못하고, 다음날 오전엔 이성복 시인과 단둘이 차를 데리고 팔공산에 올라가 이리저리 돌아다녔다. 풍광은 같이 보는 사람이나 상황이 다르면 달라지는지 전의 팔공산하곤 달리 계속 귀를 기울이고 있는 듯한 팔공산과 절들을 만났다. 이성복이 절경이라고 알려주는 경치도 새로 만났지만 경치 빼고도 우리는 할 이야기가 많았다. 그러나 부산에 가야 하기 때문에 송림사 모전탑을 끝으로 우리는 시내로 돌아왔다.

　점심 먹고 이성복과 헤어진 나는 오후에 이태수와 시낭송회에서 노래 부를 성악가들을 내 차에 태우고 부산에 내려갔다. 예기치 않게 박태일 시인도 낭독회에 와 있었다. 시 낭독회가 끝나고 여럿이 같이 술을 마시고 하룻밤 자고 나니 갑자기 남해에 가고 싶은 생각이 들었다. 박 시인과 합천에서 약속한 날짜 사이에 일부러 공백으로 남긴 이틀 동안 그 무엇보다도 금산 보리암에서 내려다본 시원한 상주 해수욕장과 다도해의 저녁 풍광을 새로 한 번 만나보고 싶었던 것이다.

　호텔에서부터 박 시인이 자기 차로 한참 내 차를 인도하며 길을 가리켜준 대로 고속도로에 진입하여 생각보다 산이 많은 남해 고속도로를 달려 진주시와 사천군 경계에 있는 예하리에 들러 점심을 먹고 가는 김에 다솔사를 구경하고 천천히 남해로 갔다. 남해는 언제 보아도 아름다운 곳이다. 남해대교를 건너기 전 하동군 끝자락부터 앞에 무언가 소중한 것이 기다리고 있다는 느낌이 들기 시작했다. 그게 무엇일까? 두 번이나 만나본 남해 금산 보리암 3층 석탑에서 내려다본 남해 바다의 절경인가? 미조항에서 청년 시절 외롭게 겨울 며칠을 보낸 1960년대 초의 추억인가? 그런 절경과 추억이 없어도 남해대교 부근은 충분히 아름다웠다.

　미조리는 경기도 연천에서 출발한 3번 국도가 지금 연육교 공사가 한창인 삼천포에서 남해 창선도로 건너뛰어 달려와 강원도 원주에서 떠나 남해대교를 건너온 19번 국도를 만나 둘 다 길이기를 그만두는 곳이다. 앞바다 쪽 언덕에 늘 푸른 나무와 잎갈이 나무들이 잘 어울린 조그만 숲이 있고 그 숲 때문에 바다가 아기자기해진다. 그리고 신선한 횟집들이 늘어서 있다. 그곳에 방을 정하고 나는 즉시 차를 몰아 금산으로 갔다.

　여관을 나서자 갑자기 안개가 끼기 시작했다. 정신 차리고 사방을 둘러보니 어느샌가 짙은 안개가 사면을 포위하고 있었다. 금산 초입에 이르자 장대비 속 시야 5미터와 같은 상황이 재현되었다. 속도는 훨씬 낮았으나 벼랑이 있는 급경사 길이라 오히려 더 위험할 수 있는 길이었다. 여행 후에 쓴 시 「안개의 유혹」에는 다음과 같은 구절이 있다.

> 해발 0미터부터 짙어가는 안개를 무릅쓰고
> 길 모서리에도 채 닿지 않는 전조등 안개등 모두 켜고
> 벼랑 아래로 아차 몸을 띄울지 모를 회전 도로를 돌며
> 왜 나는 남해 금산에 오르는가?

지금 생각해보면 이틀 전 고속도로에서 만난 장대비와 그날 금산에서 만난 안개, 모두 IMF의 메타포가 될 수 있다고 생각된다. 나는 조심조심 그러나 안개에도 끝이 있겠지 하며 조여드는 가슴과 동시에 운명을 받아들이는 자의 편안한 마음으로 차를 몰았다.

> 운명적인 터널 속으로 천천히 돌진하는 기차처럼
> 있는 불빛 다 쏟아 부어도 희미한 급커브를 아슬아슬 돈다.
> 시야 5미터 미만의 길
> 내려오던 차가 급정거.
> 경사 30도를 헤집고 올라가
> 주차장 안개 속에 차를 세운다.
> 주위에서 유령들이 움직인다, 무령(無靈)의 동작.

보리암은 환상적인 안개 속에 완전히 잠겨 있었고, 아무리 더듬어도

어디가 어디인지 도무지 가늠할 수가 없었다.

> 전에 몇 번 들른 보리암은 우유 안개에 덮여
> 환상의 궁전
> 밤새 하나가 감각적으로 운다.
> 시간 잘못 안 새가 그 소리에 화답한다.
> 머리가 나뭇가지에 걸린다.
> 바로 앞 관목 가지에서 박새인가 곤줄박이인가
> 새 하나를 만난다.
> 새가 늑골을 반쯤 들었다 놓는다.

새의 늑골이라? 앙상한 갈비. 새의 갈비를 더듬듯이 걸어 삼층탑까지 갔다. 안개가 없었더라면 방금 저녁 햇빛 찬란할 상주 해수욕장은커녕 바로 앞 절벽도 보이지 않았다. 갑자기 토역질이 나 무언가 좀 토하고 나니 내가 어쩐지 벌레 같다는 생각이 들었다. 그때 가까이에서 전짓불이 켜지며 '거는 네기 미끄럽습니다. 일로 오시소' 하는 소리가 들렸다. 모르는 새 몸이 좀 훤해졌다. 무언가 보이지 않는 곳에서 길이 새로 하나 태어나는 느낌이었다. 이런 느낌 하나가 어떤 때는 여행 고생 전부에 맞먹는 보상이 되기도 하는 것이다.

 나름대로 그날은 편히 자고 다음날 아침에 3번 국도를 타고 창선도로 갔다. 계속 바다와 언덕을 오르내리는 길은 아름다웠고, 여기저기 조수(潮水)의 침입을 막고 물고기들을 끌기 위해 조성한 어부림(魚

付林)들이 있었다. 특히 물건리 어부림! 물건리 어부림만을 위해서 서울서 여행을 떠날 수는 없겠으나 남해 여행 도중이라면 한번 일부러 들를 만한 곳이다. 재해를 막고 있는 숲, 재해에 경제 재해 같은 것도 포함되어 막을 수 있다면 얼마나 좋을 것인가.

창선교를 건너 계속 3번 국도를 따라 더 자주 바다를 오르내리면 삼천포를 마주보는 곳에서 길이 끊긴다. 3년 전에 벌써 연육교 공사를 하고 있었으니 앞으로 얼마 안 가 다리길이 열릴 것이다. 건너다 뵈는 삼천포 항구가 멋있어 오늘은 그곳으로 가서 저녁을 보내리라 마음먹고 차를 돌려 3번 국도로 돌아오는 대신 지방도를 타고 창선도를 일주했다.

삼천포가 있는 사천은 남해 못지않게 바다가 깨끗하고 마음을 넉넉하게 해주는 곳이다. 바닷가 언덕에 있는 노산공원은 비록 규모는 작지만 편안했고 팔각정에 올라 내려다보는 남해 앞바다도 아름다웠다. 영락없는 보통 풀 속에 보랏빛 꽃줄기를 꽂아 놓은 맥문동이 여기저기 심겨 있었다. 이왕이면 같은 백합과로 비슷하게 생겼으나 꽃이 더 산뜻한 무릇이라도 심을 것이지, 생각했으나 빈약한 몰골에 밝지 않은 색깔, 그리고 겨울에도 잎이 견디는 이 식물이 이 고장에 더 맞는 꽃이라는 생각도 들었다. 먹을 것을 달라고 어깨에 내려앉기까지 하는 굶주린 비둘기가 왜 그리 많던지!

다음날 합천 가는 길에 진주 청곡사에 들렀다. 지나치게 관광 절이 되어 있는 게 흠이지만 이제 누가 그것을 막을 수 있으랴. 청곡사를 찾다보니 새 길이 여럿 생겨나서 내가 지니고 간 몇 년 전 지도를 믿을 수 없어 주차장에 차를 세우고 약속 시간을 생각해서 먼저 합천 가는 길부터 물었다. 두 사람에게 물었으나 둘 다 모른다고 해서 그건 나중에 해결하지 하고 절 구경부터 했다. 내가 생각하고 있었던 것보다 훨씬 더 크고 번듯한 절이었다.

한 20분 후 내려와 차의 문을 열려고 하자 중년 사내 하나가 다가와서 말을 걸었다, 혹시 합천 가는 길을 알고 싶지 않느냐고. 아까 내가 절에 오르기 전 길을 묻는 것을 보고 가르쳐주려 했으나 그냥 절로 올라가버려 기다리고 있었다는 것이다. 그리고는 합천행 33번 국도에 진입하는 길들을 자세히 가르쳐주었다. 이런 고마운 일 하나가 여로를 또 한 번 환하게 만들 뿐만 아니라 사람에 대한 믿음을 확인하게도 한다. 다른 여행이었다면 별로 기억에 안 남았을지도 모르는 이 일이 이번 여행에서 도저히 잊지 못할 에피소드로 남게 된 데는 당시 내 마음의 상태가 좀 어두웠다는 이유도 있을 것이다. 어둠처럼 빛을 빛답게 하는 것은 없다.

자상히 길을 가르쳐 받은 덕분인지 약속 시간보다 반 시간 먼저 합천 시외버스정류장에 도착했다. 정오가 되기 전인데도 그야말로 무더위였다. 그날 38도에 이르렀다고 하는 합천의 기온이니, 그늘에 차를 세우고 창을 열어 놓고 쉬려고 했으나 도저히 견딜 수 없었고, 공회전하며 에어컨을 오래 켜면 과열 현상이 일어날 수 있으므로 에어컨을 켠 채 차를 몰고 여기저기 모르는 길을 달리다가 12시 정각에 버스정류장에 가서 미리 기다리고 있는 박태일 시인을 만났다.

그는 자기 차를 따라 오라고 하고는 읍에서 10여 분 거리 황강 가 자신의 생가 터에 본채만 새로 지은 집으로 갔다. 그의 형수가 살고 있었다. 몇 년 전 시인 몇몇과 가서 합천군 구경을 멋있게 하고 거하게 마시며 하룻밤 잔 적이 있는 곳이었다. 집 앞에 차를 세워 놓고 박 시인의 차로 다시 합천군 구경을 나갔다. 지난번 들렀을 때 중요한 유적지는 대충 둘러보았으므로 우선 전두환 씨의 고향이라는 율곡면 내천리 지산(池山) 정상에 있는 늪으로 갔다. 산 정상에 있는 늪이고 가뭄에도 물이 줄지 않아 백두산 천지의 이름을 따 천지라고 부르고 있었다. 물풀인 부들 마름 순채 위로 늪에 흔한 실잠자리가 가득 날고 있었다. 후에 신대철 시인과 강원도 양구군과 인제군 사이에 있는 1,304미터 대암산 정상에서 100미터쯤 낮은 곳에 있는 고지 늪에 가서 귀한 끈끈이주걱도 만났지만, 그때 처음으로 본 산 정상 늪은 약간 어두운 빛깔의 마음마저 끌어들이는 풍경이었다. 지산 늪은 작고 편안하고 아기자기했다. 오는 길에 황강이 낙동강으로 녹아드는 청덕면 적포리도 보고 의령군으로 살짝 건너가 미타산 유학사라는 조그만 절에도 들어가보았다. 그리고는 합천읍으로 되돌아와 그곳 김해석 시인 집의 앞뜰에서 저녁을 먹으며 술을 마셨다. 잘 못 부르는 노래도 두어 곡 뽑고 박 시인의 생가로 되돌아오자 곧 합천 문인들 여럿이 술과 안주를 장만해 가지고 쳐들어와 밤늦게까지 문학 얘기를 하며 술을 마셨다. 다행히 얘기 틈새로 경제 이야기 같은 것은 끼어들지는 않았다.

아침에 깨어 슬래브 지붕 위로 올라가 강 건너 서 있는 벼리(벼랑)와 그 앞을 흐르는 황강과 다시 인사하고 오랜만에 마을길도 한참 걸어보고 돌아와 맛있는 아침을 먹었다. 문제는 서울로 먼 길 떠나기 전 전통차 찻집을 경영하고 있는 한 아동문학가의 차를 한 잔 하고 가라는 청을 들어주기 위해(사실은 전에 들렀을 때 그 집 차 맛이 일품이어서 불감청 고소원이었다) 다시 합천읍에 나가려고 차에 발동을 걸 때 생겼다. 그 전날 오후에 더위가 얼마나 심했던지 주차해두었던 내 차의 차 거울(일본인들이 백미러라고 이름 붙인)의 유리가 접착제가 녹았는지 동승석에 떨어져 있었던 것이다. 다시 붙이려 해도 붙일 도리가 없어 읍 카센터에 가서 새것을 사 붙이리라 마음먹고 10여 분 거리인데 하고 골목길을 빠져나와 국도에 들어서자 갑자기 안개가 낀 상황이 되었다. 아, 앞으로 가는 데도 뒤를 보는 눈이 꼭 필요한 것이구나. 좀 확대해서 얘기하자면 제대로 미래를 살아가는 데는 과거를 되돌아볼 수 있는 눈이 꼭 필요한 것과 같다고나 할까. 우리의 앞날을 위해서는 혹시 IMF라는 과거도 필요한 것이 아닐까라는 생각은 후에 했다. 옆 거울 둘만 번갈아 봐 가지고는 번잡한 도로 운전은 정말 힘들었다. 그 사실을 알고 있는 박 시인이 앞에서 차를 전전히 놀아주었으나 경운기도 추월하기 힘들었다. 읍에 들어서자 차들이 더 많아져 앞으로 나가기가 더 힘들어졌으나 간신히 박 시인의 차를 바싹 뒤따라 골목에 들어가 찻집 앞에 차를 세웠다.

  찻집 주인이 차를 달이는 동안 박 시인은 거울을 새로 달려고 내 차를 몰고 나갔으나 아직 카센터가 문을 열지 않아 보통 가게에 들러 간신히 본드로 거울을 붙여가지고 돌아왔다. 그동안 나는 그 조그만 거울 하나가 차를 모는 데 얼마나 필수적인가, 뒤를 보는 조그만 거울이 사라진 것이 안개만큼 앞을 보는 데 방해가 되는구나, 하는 생각을 떨쳐버리지 못하고 있었고, 차를 마신 다음 인사를 끝내고 다시 서울로 출발할 때까지 그 생각의 그림자는 내 마음을 떠나지 않았다.

찻집에서 나와 박 시인은 자기 차로 내 차를 고령까지 인도해서는 (이런 경우는 유인이라고 하는 게 더 적절할지 모른다) 보물 605호 청동기 시대 암각화를 해설을 곁들여 보여주고 안녕히 가십시오, 인사를 했다. 암각화는 너무 오래되어 내용이 불분명했지만, 분명할 때까지는 이곳에서 살던 사람들의 필요한 과거와 현재의 아이콘이었을 것이다. 박시인과 헤어져 차를 몰면서 나는 어느샌가 IMF를 극복할 수 있다는 마음의 상태가 되어 있었다. 이 여행의 덕이었다.

여행은 그것으로 끝나지 않았다. 거창 다 와서였다. 마주오던 적재함을 덮지 않은 트럭에서 조그만 돌이 하나 날아와 내 차 앞 유리 운전석 왼쪽을 금 가게 한 것은 그냥 재수 없는 일이었다고 치자. 금이 차차 커지는 바람에 한 달을 채 견디지 못하고 십 몇 만 원 주고 유리를 갈 때 마음속으로 욕이 나왔지만 말이다. 그러나 마주 오던 트럭의 큰 자갈에 맞아 유리는 물론 크게 부상당한 사람도 알고 있는 터이니 운이 아주 나빴다고 할 수도 없는 일이었다. 적재함도 제대로 덮지 않고 트럭이 다닐 수 있는 우리의 관행이 생각보다 큰 문제라는 것은 사실이지만.

여행은 아직 끝나지 않았다. 서울 와서 2주쯤 지났을까, 저녁 러시아워에 학교를 나와 집에 가기 위해 봉천동 사거리를 막 건너 숭실대 쪽으로 가려고 오르막길 가속을 할 때 차 거울 유리가 또 떨어졌다.

박 시인이 본드로 붙여 가지고 와서 임시로 고쳤으니 서울 가 곧 새 것으로 바꾸라고 한 말을 깜빡 잊고 있었던 것이다. 내가 늘 가는 낙성대 입구 카센터로 가기 위해 유턴을 하려고 좌측 신호를 제대로 주고 차선을 바꾸었는데도 그야말로 사방에서 차들이 빵빵거렸다. 몇 번이고 손을 들어 미안하다고 했으나 어느 차 하나는 내 차 바로 옆에 대고 창문을 닫아서 잘 들리지는 않았지만 욕을 해댔다.(나 자신도 제대로 살고 있는가?) 5박 6일로 계획하고 실행하고 완료했다고 생각한 것이 돌아온 후 보름이 지나서야 끝나는 여행도 있는 것이다.

(2001)

| 3부 |

나는 왜 문학을 하는가?

나는 왜 문학을 하는가?
― 최대 노력으로 최소 만족, '그 바보스런 매력'

나는 왜 문학을 하는가? 힘든 물음 가운데서도 힘든 물음이다. 생각해본다. 나는 왜 문학을 안 하곤 못 배겼는가? 인간이 인간답게 사는 데 도움을 주기 위해, 혹은 자신과 타인의 구원을 위해서라는 식의 명쾌한 답을 할 수 있다면 얼마나 좋으랴! 혹은 삶의 실체를 보여주기 위하여? 그런 건 너무 큰 목표이다. 너도나도 최소한의 노력으로 최대한의 것을 획득하려 정신없이 뛰고 있는 지금 이 세상에서 최대한의 노력으로 최소한의 것을 얻는 것에 만족해야 하는 문학의 바보스러움이 지닌 매력 때문이라고 대답하는 게 정직할 것이다.

세상에 태어나 얼마 살다가 나도 모르는 사이에 글 쓰는 일을 시작했다. 처음에는 말들의 조합이 황홀을 낳는 것에 끌렸고, 그 황홀 속에 녹아나는 삶에 마음을 빼앗겼다. 내가 호기심이 꽤 많은 인간이긴 했다. 전방위(全方位)가 호기심의 특성이라 빠진 골목도 여럿 있다.

더러는 한참 헤매다가 나온 곳도 있지만, 문학 골목만은 한 번 들어간 후 지금도 출구를 찾지 못하고 있다. 확인한 것은 막다른 골목이 아니라는 것뿐이다.

하마터면 음악 골목에 빠져 평생 헤맬 뻔한 적도 했다. 정확하게 말하면 고2 때 시각적 즐거움이 거의 삭제된 상태였던 한국전쟁의 폐허 서울에서 나는 음악실 르네상스와 돌체에 다니며 청각의 황홀을 만들어주는 서양 고전음악을 발견했고, 음악을 생의 업으로 삼기로 마음먹은 적이 있다. 작곡가가 되는 일 이외의 모든 일이 우습게 보였고 대학도 당연히 음악대학 작곡과로 잡았던 것이다. 독학으로 화성학 책도 뒤적이던 나는 얼마 후 친구 마종기와 함께 음악회에 갔다가 연주회장을 나오며 방금 들은 곡을 같이 휘파람으로 불다가 자신이 약간의 발성 음치인 것을 알게 되어 진로를 바꾸게 되었다. 그러나 그 후 음악은 업(業)은 아니지만 지병(持病)이 되었다. 전세방을 돌아다닐 때도 무거운 음향기기를 둘러메고 다녔고 가난 속에서도 기기를 바꾸고 판을 샀다. 바로 몇 달 전에는 베토벤의 후기 현악 4중주의 구조를 캐낸답시고 여러 4중주단의 연주로 작품번호 127로 시작되는 4중주 5곡과 '대둔주곡'만을 들으며 거의 3개월을 보낸 적이 있다. 그런 노력을 들이고도 구조를 캤다고 할 수는 없고, 다만 린지 4중주단과 베그 4중주단의 연주의 아름다움을 재확인하고 우리나라 사람들이 왜 부다페스트 4중주단의 베토벤 연주를 그렇게 좋아하는지 짐작하게 되었다. 한국인들은 어깨에 힘이 들어간 베토벤을 좋아하는 것이다.

유행가요를 잘 몰라 노래방에서 기죽게 만드는 일을 빼더라도 고전음악이 내 삶과 문학에 미치는 영향은 크다. 초기에는 리듬의 변화를 위해 작품을 음악의 악장들처럼 번호를 매겨 나누기도 했고, 최근에는 작품 이름을 그대로 등장시키기도 했다. 빌 에번스가 내 시 속에 들어온 것을 보니 재즈도 고전적인 것을 좋아하고 있는 듯싶다. 그러나 음악의 영향은 악장 흉내나 곡 이름 등장에 그치지 않는다. 그동안 나는 좋은 그림과 조각과 건물에서도 음악의 혼을 느끼곤 했다. 내 문학은 실제 삶과 음악 사이의 주고받음이라고까지 할 수 있을 것이다. 삶이 문학의 출발이지만 시가 음악의 혼에 접근하지 않으면 만족할 수 없었다. 음악이 나를 끈 구체적 동기는 문학처럼 최대한의 노력으로 최소한의 것을 기대할 수밖에 없게 된 오늘날 고전음악의 운명이었을지도 모른다.

대학에 들어와서 호기심이 나를 끌어들인 골목이 여행이다. 요즘처럼 관광여행이 생기기 전의 일이라 가는 일도 먹는 일도 자는 일도 불편하기 이를 데 없는 여행이었다. 때로는 돈을 주고도 곡식을 구할 수 없어서 쌀을 짊어지고 가야 하는 곳도 있었고, 여인숙이라는 곳도 전기가 부족하던 시절이라 두 방 사이를 막은 칸막이 위쪽을 트고 전구 하나를 달아 놓았기 때문에 옆방의 코 고는 소리와 잠꼬대가 그대로 들리는 잠을 자야 했다. 여수에서 통통배를 타고 남해와 통영을 들러 부산으로 간 여행이 특히 인상에 남는다. 당시 폐허의 본체가 그대로 남아 있는 서울과는 달리 한려수도는 그야말로 아름다웠다. 여행하기 전 통영에 사는 학교 친구를 집에 불러 대접하고 그의 집을 찾아갔던 일이 생각난다. 그러나 워낙 가난할 때라 당도한 날 저녁 나를 집에 데려왔다고 그가 어머니한테 야단맞는 것을 몰래 엿듣고 괴로웠던 일이 잊히지 않는다. 다음날 아침 일찍 통영을 뜰 수밖에.

  나를 여행 시인이라 부르는 분들도 있으나 나는 시를 쓰려고 여행을 떠난 적도 없고 여행지의 풍물을 그리기 위해 시를 쓴 적도 없다. 끝난 여행은 무의식의 곳간이나 추억 속에 방치했다가 필요할 때 꺼내 썼을 뿐이다. 예를 들면 「기항지」에 나오는 겨울 항구는 몇 번에 걸쳐 만난 남해안의 몇몇 항구들을 합성해서 하나로 만든 것이다. 여행에 끌린 것이 물론 틀에 박힌 삶에서 벗어나려는 시도였겠지만 당시 상황에서는 최대한의 노력으로 최소한의 것을 얻는 바보스러움의 쾌감도 상당히 들어 있을 것이다. 그렇다. 여행하며 즐긴 일보다는 고생한 일이 더 유쾌하게 마음속에 남아 있다. 때문에 나는 '네가 못한 여행을 하며 이렇게 즐겼다, 부럽지?' 하는 자의식 없이 마음 놓고 여행을 시에 이끌어들일 수 있었을 것이다. 우리나라에서 볼 만한 곳 치고 안 가본 데가 별로 없다는 허영심마저 가지게 된 지금 그 무엇보다 가보고 싶은 곳은 예전에 들러본, 지도에는 있으나 사라진 마을들이다. 어떤 곳은 빈집들마저 사라졌을 것이다.

  종교도 복을 빌거나 천국에 가려는 마음으로 빠져본 적은 없다. 원래 기독교 집안이어서 성경을 읽은 것이 문학에 도움 되었을 것이다. 기억에 남는 것은 고등학교 1학년 때 어머님의 반 강요로 청량리에 사는 한 장로님이 자신의 집에서 예배를 보는 모임에 한 1년 참석한 일이었다. 당사자들은 원시교회라고 생각했겠지만 이즈음으로 말하면 '휴거' 교회에 가까운 것이었다. 예수의 재림이 매 주일 한 걸음씩 다가오는 긴박감이 예배를 지배하곤 했으나 나는 예언서의 문학적 치열함에 더 관심이 있었고 그 후에는 그나마 교회와 멀어지게 되었다. 대학에 와서는 니체에 경도되기도 하고 20년 전부터는 책을 통해 선불교에 빠지게 되었다. 깨달음이란 결국 용맹정진의 '스토이시즘'에서 해탈의 '에피큐리어니즘'으로 넘어가는 순간일 것이다. 서양의 이 두 사생관을 한 줄에 꿰고 있는 것이 선의 매력이다. 그러나 책으로 배우는 선은 백 권을 읽어봐야 한 번의 용맹정진의 성취보다 못하다고 지금도 생각하고 있고, 나 자신 깨친 자이기는커녕 불교도라고 치부한 적도 없다. 다만 영원히 시들지 않는 꽃들을 즐기며 계속 일류 레스토랑에서 식사를 하려는 극락이나 천당에 대한 욕망을 대표하는 기복신앙(祈福信仰)을 잠시 제쳐놓고 종교가 인간에게 무엇을 요구하는지 생각해보면, 종교도 최대한의 노력으로 최소한의 것을 얻는 장치가 아닌가 하는 생각이 든다.

  기독교와 불교가 내 문학에서 중요한 자리를 차지하고 있는 것은 자연스러운 일이다. 최근에는 도그마를 잠시 옆에 제쳐놓은 예수와 불타가 허심탄회하게 서로 대화를 나누는 상황을 꽤 오랫동안 연작시로 쓰고 있다. 그 대화 속에서 인간이란 과연 무엇인가, 그 인간이 어떻게 살아야 하는가가 나타나기를 바랐던 것이다.

  점차 설 자리가 좁아지는 고전음악, 관광여행이 아닌 진짜 여행, 기복신앙을 제쳐놓은 종교, 이들 모두 인간의 무상(無償)의 행위를 아우라로 지닌 것들이다. 무상의 행위가 아니더라도 최대한의 노력으로 최소한의 것을 얻는 행위들이고, 자연스레 내가 문학을 하는 이유를 받쳐주는 행위들이다.

  그뿐일까? 아니, 그들 뒤에 무엇인가가 있다. 내 문학은 그 무엇보다도 사랑의 문학이라고 생각한다. 초기의 「즐거운 편지」부터 「태평가」 「초가(楚歌)」 「1998년 5월의 문답」 「쨍한 사랑노래」 그리고 지금 쓰고 있는 초고들까지 내 문학은 인간으로서 애인 혹은 다른 인간에 대한 사랑의 기쁨과 슬픔, 그리고 사랑의 견딤과 포용의 환희와 막막함으로 차 있다. 내가 좋아하는 『고린도전서』 13장은 다음과 같이 시작된다. '내가 사람의 방언과 천사의 말을 할지라도 사랑이 없으면 소리 나는 구리와 울리는 꽹과리가 되고……' 그런데 사랑 또한 최대한의 노력으로 최소한의 것을 얻는 인간의 어수룩함이 아니겠는가?

(2003)

계속 걷고 있는 길 위에서

―詩論을 대신하여

　시는 요구한다, 가만히 서 있지 말라고, 과거에 매이지 말라고. 점점 낮아지는 체력 속에서 움직이지 않고 편안히 있으면 편안히 죽는다, 계속 움직여! 미래도 과거만큼 지루하고 고통스럽고 가슴 뻐근할 거야. 자신의 가슴에 박힌 못을 뽑아본 사람은 다른 사람 가슴의 못도 뽑을 수 있어. 타인의 미래와 만날 수도 있지.

　시는 요구한다. 몇 번 걸은 길을 되걷지 말라고. 언젠가 건강을 위한답시고 집 가까이에 있는 조그만 공원에 가서 계속 맴돌던 산책은 재미가 없어 접어버린 일이 있다. 그러다가 2004년 6월말 건강 검진에서 골다공증 위험 경고를 받고 어쩔 수 없이 새로 걷기 시작한 동네 산책로는 오르내리는 길이 여럿 있어서 좋았다. 내가 사는 아파트가 마침 현충원(국립묘지) 담장이 있는 언덕 아래까지 10여 분 거리에 있었고 그 긴 언덕에 오르는 길이 여럿 있었던 것이다. 오르내리며 낯선 사람들도 만나고 의젓하거나 촌스러운 간판들도 고양이도 개들도 만났다. 불경기라 폐업하고 내리는 간판들도 만났다. 소리 지르며 싸우는 사람도 만나고 우는 사람도 만났다. 길들이 언덕 쪽으로 올라가며 서로 만나고 헤어지곤 했다. T자형으로 꺾이는 어떤 길은 T자의 두 획이 만나는 곳에 일주문 같은 건장한 대문이 버티고 서 있고, 그 문 위 슬래브 지붕에는 내가 본 것 가운데 가장 큰 호박이 넝쿨 속에 의젓하게 앉아 계속 익고 있기도 했다. 그 덕담(德談)이란! 가을 어느 날 그 호박이 넝쿨 채 감쪽같이 사라졌다. 그 덕담이란!

  현충원 가파른 언덕을 오르기 전 관운장을 모신 '남묘(南廟)'가 있어 몇 달 동안 닫힌 문 앞을 지나며 도대체 저 안에 무엇이 들어 있을까 생각하다가 지난 초겨울 어느 날 문이 반쯤 열려 있길래 문 안에 대고 잠깐 들어가 봐도 좋으냐고 물었다. 건물 속은 보여줄 수 없으나 뜰과 건물 겉모습은 보아도 좋다는 대답을 듣고 들어가 요사채와 관우의 상이 들어 있다는 현성사(顯聖祠) 현판을 단 건물을 보았으나 마당도 요사채도 건물도 너무 평범한 데 실망했다. 건물 속의 관우상도 아마 별 볼일 없을 것이다. 속이 빈약한 봄〔見〕, 안 본 건만 못한 봄도 있는 것이다. 시론(詩論)들에도 현판들만 그럴듯하고 안 읽은 것만 못한 것이 있을 것이다. 이 글은 어떨까? 그러나 보여달라고 하는데 마당마저 보여주지 않을 수는 없지 않겠는가!

  남묘 오른편 옆 여기저기 큰 물건들이 어수선하게 널려 있는 창틀 샤시 공장 속을 뚫고 나 있는 길을 최근에 발견하고 가장 쉽게 현충원 담까지 오를 수 있었다. 나무토막 층계까지 친절하게 나 있었다.

그러나 세 번째 오르자 가장 쉽다는 것이 산책로로서의 매력을 빼앗아 갔다. 그렇다. 계속 세상의 다양함 속으로 들어갈 것. 쉬운 길은 가능하면 피할 것. 삶은 즐길 가치도 있지만 괴로워할 가치도 있음을 체득할 것. 그리고 현재만이 아닌 미래도 볼 것. 틈새가 없는 미래가 어디 있으랴?

어쩌다 막힌 곳이 나오면 혹시 어디 오솔길이라도 나 있지 않나 살핀다. 없으면 마지막 집이 2층 베란다에 내논 화분에 피어 있는 환한 제라늄에게 인사하고 돌아선다. 내 시의 요체를 찾는다면 그 무엇보다도 계속적인 변화일 터이지만 때로는 되돌아섬도 변화를 일으킨다. 과거에 그처럼 가까이할 수 없었던 『유마경』 같은 경전들도 얼마 전에 보니 읽을 만하게 되었다. 단 『육조단경』과 『임제록』을 거친 유마경이다. 다음엔 무엇이 기다릴까? 계속 변하는 존재만이 변하지 않는 지속의 임자이다. (2005년 초봄)

*

위의 글을 쓰고 나서 얼마 후 현충원 담에 출입구 두 군데가 뚫렸다. 그 중 사당동 쪽 뒷문은 새로 지은 롯데 낙천대 아파트를 지나 이제는 수질 불량으로 폐쇄된 약수터까지 간 다음 가파른 언덕을 숨 가쁘게 올라 들어가게 된다. 문 안에 들어서면 늘 안녕하십니까? 묻는 정장 차림의 보초가 서 있고, 그에게 고개를 끄덕이고 가파른 길을 내려가면 저수지들처럼 여기저기 고여 있는 묘지 군락들을 보게 된다. 처음에는 호기심으로 육군 일병 누구누구 언제 어디서 전사라고 적힌 비석들을 읽어보기도 했지만 똑같은 크기에 적힌 글도 날짜와 장소만 다를 뿐 다 같기 때문에 곧 물리게 된다. 그래서 솔, 주목, 굴참나무, 은행, 느티, 벚, 배롱, 낙엽송 들이 무성한 숲길을 주로 걷게 된다. 일주일에 두어 번씩 가을 겨울 봄 세 계절을 그 나무들과 함께 보냈다.

지난겨울 그 순환도로를 걷다가 여름에 언덕을 달려내려오는 물의 속도를 잠시 줄여 물 피해가 적도록 만든 물홈에 눈이 가득 쌓여 있는 것을 보았다. 담장 밖에도 그런 것이 몇 있었지만 대개 소주병이나 라면 봉지가 얹혀 있어서 발걸음을 멈추게 하지 않았다. 상당한 크기의 눈덩이였다. 마른 풀 몇 포기가 마지막 끝에서 그 눈의 무게를 버티고 있었다. 허리가 부러진 풀도 하나 힘을 보태고 있었다. 이따금 눈의 물방울이 눈덩이 끝에 열렸다가 떨어졌고 미리 파여 숨어 있던 눈의 구멍이 그것을 받곤 했다.

혹시 이 시대에 문학 특히 시의 역할 가운데 하나는 이 몇 포기 마른 풀과 같은 것이 아닐까? 정신없이 몰려내려오는 삶의 거친 물줄기를 잠시 속도를 줄여 고르게 흐르게 하는 물홈, 그 물홈이 겨울 눈덩이에게도 기능을 발휘할 수 있도록 도와주는 것. 삶의 진동을 우리가 견딜 만한 리듬으로 만들어주는 것. 눈덩이는 계속 눈의 물을 흘리다가 얼마 후에는 내려가도 좋은 정도의 물로 변하게 될 것이다. 또 얼마 후에는 마른 풀들의 자리에서 새 풀들이 자라고 꽃을 피울 것이다. 나는 그 자리에서 꽃까지 미리 보았다. 언젠가 내 두 눈이 잘 보이지 않을 때가 되더라도 풀꽃들은 보일 것이다.

  오늘 그 꽃들이 피었다. 거의 모두 작았으나 각기 다른 꽃들이었다. 나는 산책을 끝내며 그 조그만 풀꽃들의 숨결들을 함께 데리고 현충원 뒷문을 나온다. 집으로 돌아가는 길에 그들은 양편 담들 위로 날아 올라가 크고 멋진 꽃들이 된다. 그리고 모르는 사이에 내가 사는 아파트를 꽃핀 들판 속에 환하게 솟아 있는 집으로 만든다. 이런 걸 시적 상상력이라고 불러도 좋을까? 다음번에는 그 숨결들을 데리고 전에 걷던 동네를 한번 되걸어보리라. 그 숨결들은 동네의 공간과 시간을 새로 읽어줄 것이다. (2006)

걷는 길 계속 걷겠다는 다짐과 더불어
— 미당문학상 수상소감

    1980년대 초 2, 3년을 빼고 수십 년 동안 새해가 시작될 때마다 세배를 다닌 분의 이름으로 주어지는 상을 받게 되어 특히 기쁩니다. (높임말은 생략하겠습니다.) 그분은 우리 시로 볼 때 가장 큰 광원(光源)이었고, 내 개인으로 볼 때는 가장 큰 영향을 준 시인이었습니다. 책이 귀한 때라 그랬겠지만 내 나이 또래의 많은 시인들은 그분이 편찬한 『작고 시인선』을 읽으며 시를 시작했고, 곧 그분의 시집들을 구해 읽으며 시의 맛을 익혔습니다. 50년 가까이 먼 옛 이야기입니다.

    그분이 이룩한 것은 삶이 묻어 있는 토속어가 주로 관념어인 문화어보다 우위에 있다는 것을 몸소 보여준 일이었습니다. 그렇게 함으로써 말살에 직면했던 민족어의 정체성을 찾아낼 수 있었던 것입니다. 그러나 보다 중요한 것은 시에 있어서 '진정성'의 문제입니다. 그분의 시를 읽으면 많은 작품에서 진정성의 체취인 간절함을 읽게 됩니다. 그동안 몇 번인가 나는 쓰고 있는 내 시가 마음에 들지 않는 경험을 했고 그때마다 아, 내가 간절함을 잃고 있구나 하고 방향 조정을 하곤 했습니다.

컬러풀한 그분은 이따금 자신을 신선이라고 불렀지만 시 작품에서 그런 적은 없습니다. 자신의 시 속의 그분은 초월적인 존재가 아니라 아름다움과 인간다움에 감탄하는 그런 존재였습니다. 다시 말해 이즈음 시에서 이따금 만나게 되는 나르시시즘이 아니었습니다. 그분이 초월에 많은 관심을 가졌으나 빛나는 '인간의 시인'으로 남게 된 이유이고, 그것은 다음 시인들에게 시의 본류가 무엇인가에 대한 가르침이 되었습니다.

토속어와 '신라 정신의 탐구'에도 불구하고 그분은 '고대(古代)' 시인이 아니었습니다. 그것은 아마 그분이 처음에 서구의 모더니즘에 침잠했다가 자신의 길을 개척했기 때문일 것입니다. 그 궤적은 김수영 김춘수 시인이 걸은 길이기도 합니다. 모더니즘 기간이 짧기는 했지만 내가 걸은 길이기도 합니다. 나는 그 궤적이 오늘날 우리 시가 자신만의 길을 걸으면서도 촌스럽지 않은 근거 가운데 하나라고 생각합니다.

신문이 할애하는 좁은 자리에 실어야 하기 때문에 수상작으로 뽑히지 못한 것 같으나 지난해에 쓴 긴 시들 「젊은 날의 결」 「적막한 새소리」가 지금 내가 추구하고 있는 시입니다. 「젊은 날의 결」에서는 현재의 시선과 과거의 시선이 자연스레 섞이게 하여 삶의 얼개를 입체적으로 드러내려 했고, 「적막한 새소리」에서는 우리 삶의 성스러움의 원천이 되는 불타와 예수가 도그마가 없어진 공간 속에서 대화를 나누게 함으로써 지금 우리 삶에서 성(聖)과 속(俗)이 만나는 시간을 마련하려 했습니다. 앞으로도 이런 작업을 계속함은 물론 새로운 시도도 마다하지 않을 생각입니다. 새로운 시도에는 괴로움과 함께 힘이 뿜어 납니다. 그 힘이 내가 이 세상을 마치는 순간까지 간헐적으로나마 끊기지 않기를 빌 뿐입니다.

　이 소감 첫머리에서 나는 1980년대 초 2, 3년을 빼고 매년 세배를 다녔다고 했습니다. 바로 그분이 당시 집정자를 찬양하고 그의 도움으로 문학잡지를 장만하고 단장을 짚고 운전사가 있는 외제차를 타고 다닐 때였습니다. 왜정 때 일은 그렇다 하더라도, 그런 발언을 하고 덕을 보는 처신에 대해 당시 세배를 같이 다닌 비평가 하나와 함께 나는 세배를 안 가는 무언의 시위를 한 것입니다. 그러나 세배 안 가는 동안 나는 나를 감동시켜 시를 알게 한 그분을 다시 한 번 깊이 생각하고, 감동의 핵심이 과연 무엇인가를 헤아려보고, 그분의 윤리가 토속적 윤리이지만 바로 그 때문에 그분의 시가 간절하고 황홀하게 피어난 것이 아닌가 하는 데 생각이 미쳤습니다. 다시 말해 그분의 몸은 토속 윤리와 시적인 정의(正義), 토속의 순진함과 시의 성숙한 황홀이 함께 타고 파도에 시달린 약하고 '비극적인' 배였다고 할 수 있습니다. 그런 생각을 하면서 나는 비판적인 자세를 가지고 다시 세배를 가게 되었습니다. 그분의 삶이 문제가 있으므로 시가 모두 형편없다든가, 시가 좋으니 다른 일은 없던 것으로 하자와 같은 이분법은 둘 다 너무 단순한 태도이고, 문학적인 해결책이 되기 힘듭니다.

물론 나의 선택을 양시양비론이라고 힐책할 사람도 있겠지만, 그러나 그것은 좋든 나쁘든 내가 실존적 고통 속에서 접근한 길입니다. 그분의 시에서 감동과 황홀을 일단 느껴본 사람은 이분법에 빠지지 말고 자기 나름대로 그 감동에 실존적인 접근을 해야 바람직할 것입니다. 고통스러울지도 모릅니다. 그러나 그런 고통들이 모여 전보다 더 성숙되고 속이 깊은 민족과 문화를 만들 것입니다.

   감사합니다. (2002)

지금 더 그리운 만해
— 만해대상 수상소감

현대문학의 뛰어난 유산이 많지 않은 우리에게 만해는 실로 값진 보물입니다. 만해가 문학을 시작한 초창기의 우리의 현대문학은 불모 상태였습니다. 전통문학의 모든 장르들은 힘을 잃고 문학의 지평에서 지워졌고, 새 문학이라야 일본의 신문학이나 일본을 통한 서구 현대문학의 모방에 바쁠 때였습니다. 그때 만해는 그런 '현대'의 모방이 아니라 식민지 삶의 고통 속에서 문학이 가야 할 중요한 길 하나를 보여준 것입니다. 그 길은 민족의 자존심과 시의 자존심을 동시에 거는 길이었습니다. 만해가 인도 시인 타고르에서 형식의 일부를 빌린 것은 사실이지만, 전례가 없는 문학이 어디 있습니까? 만해 때나 지금이나 시간적으로 앞선 문학은 늘 뒤에 오는 문학을 한편 짓누르고 한편 북돋아주기 마련입니다. 당시에 유행하던 일본을 통한 서구의 전례를 따르지 않고, 같은 동양인으로 동양인의 삶을 문학에 녹인 타고르를 전례로 삼았다는 그 자체만도 의미를 가집니다.

　저는 만해나 소월의 문학은 과거의 것이고 그들 앞에서 머뭇거릴 때는 지났다고 생각한 적이 있습니다. 박물관의 잘 보이는 자리에 모셔두면 되리라는 생각을 한 것입니다. 그러나 이즈음 와서 그런 생각을 조금 바꾸게 되었습니다. 백 년이 넘었다는 한국의 현대문학이 지금처럼 외부적인 압력 때문이 아닌 내부적인 위기에 처한 적은 없습니다. 영상 매체의 강력한 공격을 받고 있는 사실을 잠시 접어둔다 하더라도, 시 소설 할 것 없이 문학이 계속 가벼움을 즐기거나, 과거 삶의 이야기를 시 형태 비슷하게 서술하는 일로 방황하고 있는 것입니다. 주로 시를 예로 들자면, 우선 유행하고 있는 이야기 시가 있습니다. 미당이 본격적으로 시작한 이 장르는 그러지 않아도 멋진 미당 산문의 한 부분이 되었다면 더 좋았을 것입니다. 이야기는 산문의 영역입니다. 만해는,

　　제 곡조를 못 이기는 사랑의 노래는 님의 침묵을 휩싸고 돕니다.

라고 노래하며 시의 실체가 노래임을 일깨워 줍니다. 산문시조차도 시다운 시라면 노래인 것입니다.

　그리고 너무 개인적인 '나'에 얽매어 있는 오늘날 시의 한 경향을 향해 만해는 시의 '나'와 '님'이 좁은 의미의 '나'와 '님'이 아니라 애인 이웃 사회 민족 인간의 속성을 공유하는 '나'와 '님'임을 도처에서 밝히고 있습니다. 저 유명한 『님의 침묵』의 서문을 보십시오. 그

리고 또 이즈음 유행하는 회고조의 시들한테는 당시에는 엽기적인 언어였을 '날카로운 첫 키쓰'(「님의 침묵」)를, 너무 표피적인 시들한테는 '당신은 나의 죽음 속으로 오셔요'(「오셔요」) 같은 '신식'이며 동시에 형이상학적인 상상력을 예로 보여주고 있습니다.

  이즘 시와 소설은 자꾸 가벼워지고 있습니다. 물론 고깃근이 아닌 다음에야 가벼운 것이 언제나 무거운 것보다 못하다고만은 할 수 없습니다. 그러나 꽤 까다로워서 힘들여 읽어보지만 별 게 아닌 시와 소설이 널리 퍼져 있습니다. 그런가 하면 순진한 아포리즘이 화장을 하고 그럴듯한 시로 진열되고 있습니다. 아포리즘이 말하려는 진실은 그럴듯한 한 마디 말로 처리하지 말고 체험 즉 삶 속에 형상화시켜야 좋은 시인 것입니다. 엄숙한 삶이나 문학만이 바람직하다고 하는 것은 아닙니다. 가벼울 때는 가벼워야 하겠지요. 그러나 깊이와 폭과 인간의 체온을 가진 삶 또는 사랑이 육화된, 시에서는 노래로 만들어진, 문학이 문학의 핵심임을 만해는 80년 전이 아니라 지금 이 자리에 체현(體現)해 보여주고 있는 것입니다.

  문학 혹은 시가 앞으로 나가는 기운 없이 제자리를 빙빙 돌거나 주저앉고 있는 감을 주는 지금 만해가 그리워집니다. 전보다 더욱 그리워집니다. 그 그리움을 그의 상을 받음으로 재확인하는 지금 저는 삶의 실체에 조금 더 가까이 접근하고 있음을 느낍니다. 그 느낌이 확산되기를 빕니다.

(2006)

소리의 아이콘[*]

다울런드의 『어둠 속에 살게 해 다오』(ECM New Series 레이블)

존 다울런드(John Dowland, 1563-1626)는 르네상스 말기와 바로크 초기에 활동한 대표적인 영국의 작곡가이다. 시인 에즈라 파운드가 사랑한 작곡가이기도 하다. 영국인이었지만 당시도 예술은 이미 글로벌 시대여서 유럽 여러 나라를 전전했기 때문에 그에게서 후에 헨델이 결정적으로 망가트린 헨델 이전 영국 본래 음악의 면모를 찾아볼 수도 있고, 보편적인 17세기 초 유럽 귀족 음악의 맛을 볼 수도 있다. 이 판은 그가 1704년에 출판한 합주곡집 『눈물』에 등장하는 높낮이가 다른 비올 몇과 류트 반주로 주로 실연한 남자의 슬픔을 노래한

---

[*] 이 글의 다섯 산문은 《하이파이 저널》의 음반 해설로 씌어진 것임.

가곡 발췌집이다.

　이 판에서는 비올들 대신 소프라노 색소폰(때로는 운지법이 비슷한 클라리넷), 그리고 바로크 바이올린, 콘트라베이스 등 현대적이고 비브라토가 가능한 악기를 쓰고 있으나 비브라토가 없는 담백한 비올의 음색을 살려 비브라토를 자제해 옛 악기의 분위기를 내고 있다. 「눈물아 흘러라(Flow My Tears)」는 옛식으로 한 번 현대식으로 한 번, 이렇게 두 번 연주되는데 앞의 연주는 거의 옛 악기 음색과 정취를 만들고 있다. 그리고 이 판이 담고 있는 합주곡 『눈물(Lachrimae)』에서 몇 편 가져온 가곡이 아닌 악기만의 연주를 앤소니 룰리(Anthony Rooley)가 류트를 켜며 지휘한 『눈물』(Loiseau-Lyre 레이블)의 원전악기 연주 판과 비교하면 곧 알 수 있지만 색소폰 음색의 활기는 곡 자체의 내용과 보완이 되기도 하고 대비가 되기도 해서 묘한 효과를 얻고 있다. 순수파들은 '음악성 모독'이라고 불평할지는 모르나 귀족 취미에 맞는 비올 계(系)와 류트가 바이올린 계에 자리를 양보하고 사라진 원인이 무엇인가도 생각해볼 필요가 있을 것이다. 여하튼 조금 '야한' 면도 있으나 그 대신 활기가 있는 이 판은 재즈곡을 주로 내는 독일 ECM의 독특한 착상이라 생각된다. 류트 소리도 상대적으로 강하게 녹음한 것처럼 보인다.

　17세기 초 유럽은 그 무엇보다도 '슬픔(melancholy)'의 시대였다. 저 신비하고 오묘한 햄릿의 '슬픔'을 생각해보시라. 이열치열이라고 했던가, 슬픔을 이기기 위해서는 결국 슬픈 노래가 적격이기도 한 것이다. 슬픔의 속도는 상대적으로 느리다. 테너 존 포터(John Potter)의 고운 목소리, 그런 '영국적인' 목소리를 좋아했던 시인 파운드와 소설가 조이스가 들었으면 찬탄을 금하지 못했을 비브라토가 적은 목소리가 현대 악기들과 함께 어울려 그 느낌을 맥없게 만들지 않고 생기 있게 노래하고 있다. (2001)

원래의 모차르트—클라리넷 협주곡(EMI Classics 레이블)

한창 날리고 있는 플루티스트 에마누엘 파후드와 클라리네티스트 자비네 마이어를 한자리에서 들을 수 있는 기회를 주는 판이다. 우선 세 번째 곡인 「클라리넷 협주곡」부터 살펴보기로 하자.

클라리넷은 '모차르트의 악기'이다. 그에게는 우선 아름다움의 극치인 「클라리넷 5중주」가 있을뿐더러, 본래 군악 연주용이었던 '천한' 이 악기를 본격적으로 관현악에 자리 잡게 한 작곡가도 모차르트이다. 바흐와 하이든의 관현악에는 클라리넷이 없다. 모차르트에게는 플루트 오보에 등 목관악기를 위한 협주곡도 있으나 생활비 때문에 아마추어를 위해 작곡한 혐의가 짙고, 이 곡만이 당대 최고의 연주자 가운데 하나였던 클라리넷 연주자 안톤 슈타들러를 위해 작곡한 것이다. 슈타들러는 특히 바세트 클라리넷(슈타들러 클라리넷이라고도 한다)이라는 특별히 제작한 클라리넷의 명수였는데 지금 클라리넷보다 저음 쪽으로 반음 넷이 더 내려가는 악기였다. 모차르트가 이 곡을 이 악기를 위해 작곡한 것은 당시 기록을 보아 분명한데

원 악보는 사라지고 그의 사후 악보를 출판할 때 운지법이 까다로워 별로 쓰이지 않는 이 악기 대신 당시에 표준이었고 지금도 표준인 B 플랫 클라리넷을 위해 변조한 악보를 만든 것이다. 후에 프로그램에 인쇄된 바세트 클라리넷의 모양을 연구해 원형을 복구하기에 이르렀고, 또 모차르트의 이와 비슷한 저음을 가진 미완성 「바세트 혼 협주곡(K.584b)」 초고를 참조해 악보도 복원하게 되었다.

 이렇게 길게 부연하는 것은 이 협주곡에 두 가지 본이 있다는 것을 알리기 위함이다. 우리가 흔히 들어 온 레오폴드 블라흐, 칼 라이스터, 프랭클린 코헨의 것은 복원 이전의 것이고, 데이비드 쉬프린, 테아 킹, 자비네 마이어의 연주는 복원 악보와 복원 악기의 것이다. 이들의 연주를 필자가 여러 번 마음잡고 들어본 결과, 비록 라이스터의 정열적인 연주가 연주로는 가장 마음에 들지만, 이 곡 자체를 위해서는 복원 편을 들게 되었다. 복원된 음악 자체가 더 자연스럽고, 저음 음역 전체가 부드러워졌다는 점 때문이다.

 예외는 있지만 필자는 고악기 연주를 별로 좋아하지 않는다. 77건 피아노를 위해 작곡한 베토벤의 피아노곡들을 현대의 88건 피아노 대신 77건짜리로 연주하면 답답하다. 직접 치지 않는 현도 공명 현상으로 같이 약간씩 울려 풍성한 음색을 만드는 것이다. 원전악기 연주로 유명한 지기스발트 쿠이켄의 양의 창자 현으로 앵앵대는 모차르트 바이올린 소나타 연주를 들어보면 설명이 더 필요 없을 것이다.

 음역이 더 넓어진 마이어의 경우는 그 반대이다. 연주는 짜임새를 위해 카덴차까지 생략한 모차르트의 마음의 얼개와 어울리는 연주다. 특히 부드러운 저음은 모차르트가 왜 당시 보통 클라리넷 대신 바세트 클라리넷을 택했는가를 느끼게 해준다. 마이어는 1악장에서 부드러운 저음에서 꼿꼿한 고음으로 혹은 그 반대로 곧장 오르내리는 긴장과 쾌감을 능숙하게 연주한다. 그리고 그 부드러운 저음은 2악장의 페이소스를 돋보이지 않게 그냥 곡 속에 녹게 해준다. 3악장 활기찬 론도의 어두운 색채는, 바셋클라리넷 음색 때문이기도 하겠지만, 모차르트 만년의 색깔일 것이다.

첫 번째 곡 파후드의 「모차르트 플루트 협주곡 1번」은 아름답다. 작고하기 직전 완성한 원숙한 「클라리넷 협주곡」과는 달리 20대 초 작품이고 또 아마추어를 위해 쓴 혐의가 농후한 이 작품의 작품성 자체는 떨어지지만, 그래도 모차르트는 모차르트이다. 활달한 골웨이나 화사한 랑팔보다는 '알반베르크 현악4중주단풍'이랄까 침착한 파후드의 연주도 들을 만하다. 파후드와 하피스트 마리-피에르 랑글라메의 공연인 두 번째 곡 「플루트와 하프를 위한 협주곡」은 앞 곡과 작곡 시기는 별로 벌어지지 않으나 세련된 파리 체류시대의 모차르트를 보여주고 있다. 두 악기의 합주도 그만하면 잘 어울린다.

그 무엇보다도 정열적인 연주를 제일로 치는 감상자가 아니라면, 그리고 '복원된' 「클라리넷 협주곡」을 아직 못 가진 사람이라면, 이 판은 파후드와 마이어를 동시에 들을 수 있는 판으로 사랑을 받을 것이다.

(2005)

파가니니 초연(初演) 바이올린 협주곡(Dynamic 레이블)

벨 칸토의 나라답게 이탈리아는 현악의 나라이다. 비발디의 『네 계절』을 비롯한 많은 이탈리아의 현악의 아름다움은 자기 나라의 공기는 물론 세계의 공기를 감미롭게 물들이고 있다. 그 풍토 속에서 파가니니가 태어난 것은 우연이 아닐 것이다.

바이올린 연주의 귀재답게 그의 작품들은 현란한 기교로 차 있다. 예를 들어 그가 남긴 여섯 편의 협주곡 가운데 가장 많이 연주되고 사랑받고 있는 제1번 D장조의 경우를 살펴보자. 엑스텐션 주법, 동일음 트릴, 거의 불가능해 보이는 더블 스톱, 양손 피지카토, 가장 높은 포지션(최고음 운지법) 사용 등, 바이올리니스트가 구사할 수 있는 최고의 기교가 모두 사용되고 있다. 그러나 살바토레 아카르도는 물론 어린 나이라고 할 수 있는 장영주(사라 장)도 멋지게 연주하고 있다. 원숙한 해석이 요구되지 않는 명징한 기교 위주의 작품인 것이다. 그런데 이번에 이들이 연주한 D장조로 바뀐 협주곡 1번이 아닌 파가니니가 작곡해 초연한 E플랫 장조의 1번 협주곡이 마시모 콰르타(Massimo Quarta, 1965-)의 연주로 파가니니의 개인적 소유였던 과르네리 바이올린으로 재현되었다. 다시 말해 파가니니가 바이올린의 현들을 반음 높게 조율하여 E플랫 장조이면서 운지는 D장조로 연주되도록 작곡했던 것이 D장조로 변형되었다가 이번에 원형대로 재현된 것이다.

왜 애초부터 E 플랫으로 작곡하지 않았는가 물을 수 있다. 그러나

현을 높게 조율하여 연주하면 음색이 현란해지고, 그것을 파가니니가 노린 것이다. 그리고 바이올린 운지는 D조(調)가 편하다. 베토벤, 브람스, 차이코프스키, 시벨리우스의 바이올린 협주곡들이 한결같이 D조임을 생각할 필요가 있다. 다만 그렇지 않아도 높은 포지션을 자주 사용한 곡이기 때문에 아카르도나 펄만의 연주에 익숙해 있는 사람들에게 반음 올린 소리가 카운트 테너의 분위기 즉 약간이나마 가성(假聲)의 맛을 주기도 한다. 특히 소레(Sauret)의 1악장 카덴자를 이번 연주자 콰르타가 변형시킨 부분이 특히 그렇다. 그처럼 높은 음과 높은 배음(harmonics)의 연속을 들은 기억이 없다. 어떤 부분은 조그만 새들의 소리처럼 들리기도 했다.

그러나 바이올리니스트 마씨모 콰르타의 연주는 흔히 듣는 스트라디바리우스 대신 '부드러운' 과르네리 바이올린이어서 그런지, 아니면 콰르타 자신의 '낭만적 우수' 때문인지, 음 자체는 다른 연주가의 D장조 연주보다 더 화려하게 들리지는 않는다. 여하튼 그의 협주곡에서 후에 다른 사람들이 수정을 가해 완성된 D장조와는 다른 '원래의' 파가니니를 만날 수 있을 것이다. 관악 편성만 하더라도 원래대로 실내악 수준의 소편성이라 바이올린의 명징성이 더 강조되었다. D장조로 변현된 것은 편성이 커지고 악기들이 보태져서 스케일 감이 커졌지만, 원래 파가니니 협주곡의 관현은 주로 '반주'나 총주(tutti)용으로 쓰이기 때문에, E플랫 장조에서 강조된 명징성이 소규모라는 부족감을 적절히 메우고 있다고 생각된다. 같이 실린 제2번 B단조의 경우는 더욱 그렇다.

오늘날 베토벤의 피아노곡들을 베토벤이 치던 포르테-피아노로 연주한다면 어떤 결과를 낳을까? 바이올린과 달리 피아노는 19세기 내내 변해왔고, 그의 「해머 클라비어 소나타」를 보면 알 수 있듯이 베토벤은 당시의 피아노보다는 미래의 피아노를 위해 작곡했다는 느낌을 준다. 바이올린의 경우는 달라서, 민속 악기에서 새로 태어나자마자 현의 재료를 빼고는 청소년기를 거치지 않고 유년기에서 곧장 원숙기로 들어간 악기이다. 아마티, 과르네리, 스트라디바리, 모두 17세기 말 이탈리아 문화 중심지의 하나였던 크레모나에서 바이올린을 완성시킨 가문들이고 그들이 만든 악기들은 지금도 가장 귀한 명기로 평가받고 있다. 파가니니의 바이올린은 과르네리 가문에서도 가장 뛰어난 주세페 안토니오 과르네리가 만든 '주세페 델 제수'이고, 과르네리는 20세기 하이페츠의 바이올린이기도 하다. 설사 다른 바이올리니스트가 연주한 파가니니 협주곡 1번 2번을 갖고 있는 음악 애호가라 하더라도 콰르타가 파가니니의 초연 악보를 파가니니의 악기로 연주한 판을 하나쯤(이 판은 협주곡 여섯 개 전부를 녹음한 3 CD 전집의 제1 CD이다) 구해서 즐길 가치는 충분히 있다고 생각된다. (2001)

존 태브너의 「아테네를 위한 노래」 등(Naxos 레이블)

'이 곡은 간신히 들릴 만한 소리로 틀 것.' Virgin Classics 판 존 태브너(John Tavener, 1944-)의 「성모의 영면(永眠)」에 붙인 작곡가의 지시문이다. 24분 37초의 음악을 간신히 들릴 만한 소리로 들으라니! 음악보다는 명상의 도구나 의식(儀式)의 일부가 아니겠는가? 게다가 높낮이도 별로 없어야 하고. 그러나 이것은 이즈음의 '빠르고 시끄러운' 현대음악 속에서 상당한 인기를 누리고 있는 영국의 클래식 작곡가의 '천천히 조용히' 연주되는 곡을 향유하려는 청자들을 위한 지시문이다.

그는 24세 때인 1968년 극적 칸타타 「고래」로 명성을 얻어 개성을 발휘하다가 1977년 러시아 정교로 개종했다. 그의 정신사는 접어두고 음악으로만 보자면, 로마 종교음악이 동서로 갈라져 서방 음악이 폴리포니(多聲)와 동기(motif)의 발전을 꾀하는 쪽으로 발전한 데 반해 그는 동방 비잔틴 종교음악 쪽으로, 모노포니(單聲)와 정신적 고양 상태의 원형을 유지하는 방향으로 향했다고 할 수 있다. 그의 음악에도 서양 음악의 종착역의 하나인 음열음악(serialism) 요소가 있으나 쇤베르크나 베베른처럼 조성(調聲)으로 되돌아오지 않으려는 조바심이 없고, 후기 스트라빈스키의 경우처럼 음열음악 기법 속에서 조성도 받아들이는 여유로움이 있다.

이번 판은 1985년에 작곡된 창작 러시아 정교회 크리스마스 성가인 「주는 우리와 함께 계시다」와 1993년 작곡되어 1997년 다이애나 왕비 장례식에 연주되어 유명해진 「아테네를 위한 노래」를 비롯해서 '태브너의 악기'인 첼로가 등장하는 장중한 「스비아티」에 이르기까지 13의 합창곡, 혹은 성가, 혹은 명상이 들어 있다. 명상답게 합창의 개별 파트 돌출은 억제되고 곡 하나하나가 희랍 정교의 신비로운 아이콘〔성상(聖像)〕의 상태를 유지하는 것이다. 물론 처음 곡에는 갑자기 파이프 오르갠 음이 침입하기도 하고 독창이 나타나기도 하지만 전체적으로 그의 합창은 성스러움의 무명씨(無名氏)이다. 1989년 그는 말했다. '교회가 전처럼 현명한 영도자일 수 있다면, 나는 얼마나 비잔틴 제국의 영광스러운 시대에 살고 싶은가! 그때 나는 성화 그리는 환쟁이나 글쟁이 무리의 일원이 될 수 있었을 것이고, 더 무명씨로 남았을 텐데.' 이것은 시인 예이츠가 시 「비잔티움으로의 항해」의 근본이 되는 1920년대에 쓴 『비전』의 비잔티움에 대해 쓴 부분과 너무도 흡사하다.

   종교 없이도 종교적으로 살 수 있는가가 인류의 중요한 과제인 이때, 몬테베르디나 바흐 계통의 종교음악이 아닌 종교음악, 현대와 그레고리오 성가 이전에 성가가 어울린 종교음악에 한번 귀 기울일 여유가 필요하지 않겠는가. 값도 헐한 낙소스 레이블이다.   (2002)

'린지들'의 음악예술 *The Art of The Lindsays* (Sanctuary Classics 레이블)

   지난 40년간 실내악을 사랑하는 사람들의 마음을 설레게 했던 '린지들'(린지 일족(一族)이 더 어울릴까)이 작년에 은퇴연주를 하고 해산하며 CD 다섯 장으로 된 기념집을 내놓았다. 1965년 영국 왕립 음악 아카데미에서 바이올리니스트 피터 크로퍼가 조직하여 〈크로퍼 4중주단〉으로 출범했던 그들은 자신들을 1967년 첫 번째 대학 상주 4중주단으로 받아들인 킬 대학의 총장(영국 대학에서는 chancellor 는 명예총장이고 vice-chancellor가 총장이다)의 이름을 따서 〈린지 4중주단〉으로 했다가 후에 〈린지들〉로 바꾸었다. 그들은 곧 하이든 과 베토벤 연주로 이름을 날리고 1984년에 후기 베토벤 4중주 연주 로 그라마폰 상을 받았다. 그 후 비올리스트만 바꾸어 21세기에 들어 와 베토벤 4중주 전집을 다시 녹음하기도 했다.

　작품 번호 127로 시작되는 베토벤 후기 4중주곡과 「그랜드 푸가」 에 관한 한 나는 이들의 두 차례 연주를 둘 다 아끼며 사랑하고 있다. 어깨에 힘이 좀 들어간 〈부다페스트 4중주단〉과 너무 선율에 신경을 쓰는 듯한 〈이탈리아노 4중주단〉의 중간을 걷는 듯 보이지만, 실은 〈린지들〉은 앞의 둘보다도 더 감정에 충실한 연주를 한다. 예를 들어 작곡번호 130의 제5악장 「카바티나」를 들어보시라. 이들처럼 감정 이 북받친 연주를 달리 들은 적이 있는가?

　이들의 특색에는 물론 잘 짜인 앙상블이 있겠지만, 이들이 최고의 목표로 삼고 반복해서 연주했던 베토벤의 후기 4중주들에서 온 것도 있다. 마지막 4중주들을 작곡할 때 베토벤이 도입한 '악기별 작곡 (part-writing)', 즉 한 악기가 주선율을 연주하고 나머지는 화음을 만 드는 데 주력하도록 하는 종전의 4중주 작곡법을 지양하고 각 악기 의 역할을 따로따로 부여하는 작곡법에 의한 작품 연주에서 이들은 자신들의 특색의 일부를 만든 것이다. 이 기념집에 첫 번째로 실린 곡, 모차르트의 곡 가운데서도 각 악기의 역할이 비교적 강조되는 K.465 「불협화음」 같은 작품 연주가 특출한 것도 거기서 나왔을 것이다. 그리고 그것은 같이 실린 라벨이나 바르톡, 혹은 티펫 같은 20세기 작곡가 작품 연주에서 특히 빛을 발한다. 20세기 작곡가가 아닌 보로딘의 제2번 4중주도 다른 곡을 듣는 것 같은 감을 주기도 한다.

이번 기념집은 비교적 최근 〈린지들〉의 연주 가운데서 베토벤의 후기 4중주는 빼고 바로 전 작품번호 95 「세리오조」를 넣은 '명연주'들을 뽑았다. 특히 정열적인 멘델스존의 제6번 4중주는 백미이다. 고별공연을 위해 다른 악기들과 협연한 슈베르트의 피아노 5중주 「송어」나 브람스의 클라리넷 5중주도 역시 뛰어난 연주이다. 이들 세 작품은 실황 녹음이어서 끝날 때마다 길게 이어지는 힘찬 박수소리를 듣게 되고, 그 박수소리는 이들 가운데 세 명이 나이 60을 갓 넘긴 비교적 한창때 해체를 단행하는 것을 아쉬워하는 고별 연주장의 분위기를 상당히 느끼게 해준다. 녹음도 실황 녹음까지 낀 사정을 감안하면 일품이다. 설마 〈린지들〉의 판을 하이엔드 기기 성능 과시용 샘플로 사용하지는 않으시겠지만.   (2006)

삶의 뇌관을 터뜨리는 상상력

나는 인터뷰 원고를 인쇄 전에 보지 않는다. 미리 보면 여기저기 고치고 싶고, 그러다보면 인터뷰의 생명인 현장감이 사라지기 때문이다. 그러나 이번 인터뷰는 시간과 양에 있어서 너무나 길었고, 취사선택하는 과정에서 약간의 착오가 있었기 때문에 대담자 이숭원 선생과 커피숍에서 만나 함께 손을 좀 보았다. 조금 보충한 곳도 반복을 피한 곳도 있다. ― 황동규

- 대담 일시 : 2008년 4월 25일 오후 5시
- 《문학의 문학》 2008년 여름호 게재

이숭원 : 선생님 안녕하십니까? 2001년도에 선생님과 대담을 한 적이 있는데 7년 만에 다시 대담을 하게 되었습니다. 올해 만 70이시고 등단한 지 만 50년이라 신문에 특집 기사가 난 것도 보았습니다. 나이 드신 분들 말씀을 들어보면 언제 세월이 흘렀는지 몇 십 년이 정말 눈 깜짝할 사이에 지나갔다고 하시는데 선생님께서도 그렇게 세

월이 빨리 지나간다고 느끼시는지요?

황동규 : 글쎄요. 난 기억력이 좀 줄었다는 것 이외에는 세월이 빠르다든가 내가 늙었는다든가 하는 감정이 전혀 없어요. 세월이 빨리 지나간다는 것은 어쩌면 결국 늙는다는 이야기인데 나는 지금까지 늙었다는 생각을 해본 적이 없습니다. 나이 든다는 생각을 미처 하지 못하고 여기까지 왔습니다. 이제 늙기에는 너무 늦었습니다.(웃음) 제대로 늙기 위해서는 준비를 좀 해야 하는데, 시 하고 계속 대화하면서 살다 보니 늙는 준비를 못 했습니다.

긴장을 불러오는 힘

이숭원 : 일반적으로 나이가 들면 어떤 것을 생산할 수 있는 저력이 많이 떨어진다고 해요. 그래서 작품 활동의 양도 줄어드는 것을 볼 수 있습니다. 그런데 선생님은 정년퇴직 이후에 더욱 왕성하게 작품 활동을 하시고 있고 그 작품의 차원이 더욱 새로운 경지로 나아가고 있는데 그것은 사실 놀라운 일이거든요. 우선 나이가 들면 정신을 집중하기가 힘들어서 긴장감이 풀어지고 시가 서술형이 되어버리거든요. 그런데 선생님의 작품은 비유나 언어 구사의 면에서 대단한 긴장을 유지하고 있습니다. 가령 연초록빛 이끼를 보고 '초록 불길 속에서 막 나온 초록 불길 같은,/슬픔마저 빼앗긴 밝은 슬픔 같은,/이런 색깔이 이 세상 어디엔가 있었구나.'(「안성 석남사 뒤뜰」)라든가, 장미가 병풍처럼 둘러 피어 있는 위에 저녁 햇빛 되 비추는 아파트 창

들을 보고 '황금 웃음을 터트렸다./저런, 금관(金冠)들의 폭주를 통주저음(通奏低音)으로 다루는/생생한 장미들의 색과 형태가 쳐내는 박(拍),/소리 없는 소리의 황홀!'(「어느 날 아파트 담 앞에서」) 같은 구절이 그러한 예입니다. 마음에 부딪쳐 오는 정경을 이렇게 새로운 비유와 시어로 표현하는 그 긴장은 어디서 오는 것인지요?

황동규 : 그것은 첫째는 내가 그냥 시를 쓰지 않고 시 하고 같이 살아왔기 때문인 것 같아요. 언제부턴가 시를 쓸 때 시가 나를 리드하기도 하고 내가 시를 리드하기도 합니다. 시가 내 삶에서 뭔가를 배우는가 하면 나도 내 시에서 뭔가를 배웁니다. 다시 말하면 난 어떤 목표를 가지고 시를 쓰지 않습니다. 감정이나 생각의 한 덩어리를 풀 때 나 하고 시 하고 같이 푼다는 마음으로 임합니다. 그런 일을 하다 보니 늙기에는 너무 늦었죠.(웃음)

또 하나는 한 10여 년 전에 결심한 것이 있어요. 대답보다는 계속 질문하는 존재로 남아야겠다는 생각을 했어요. '대가'는 모든 문제에 대답을 하는 존재입니다. 나는 대답보다는 계속 질문하는 존재로 남아야겠다고 생각했고 그렇게 결심한 것을 지켰습니다. 언젠가 대산재단에서 10주년 기념으로 소위 대가들에게 종이 한 장에 보관할 만한 어록 비슷한 글을 부탁한 적이 있었어요. 나도 명단에 들어 있었는지 나에게도 청탁이 왔는데 거절했습니다. 내가 거절한 이유는 단 하나뿐입니다. 그런 글을 쓰면 내가 시 하고 대화한다든가 긴장을 유지하는 데 방해가 될 것 같아서지요. 계속 질문하는 존재로 남고 싶었던 겁니다. 그래서 대가의 반열에 못 들어갔지요.(웃음) 아직도 질문하는 존재이지 대답하는 존재가 되고 싶지 않습니다. 삶이 어떤 것이라고 그럴듯한 문장으로 완결 짓는 일은 내게 아직 이른 것 같습니다. 이러한 두 가지 이유 때문에 아직 긴장을 계속 유지하는 것 같군요.

이숭원 : 대답한다는 것은 어떤 해결책을 미리 마련하고 있는 것이니까 그야말로 늙음을 자인하는 것이 되겠네요. 선생님은 계속 질문하는 상태를 유지하고 싶다고 하셨는데, 다음 질문으로 넘어가기 전에 '통주저음'에 대한 설명을 부탁드립니다. 저는 사전을 찾아가면서 알기는 했는데 명확히 개념을 파악하지 못했어요. 어떤 건가요?

황동규 : 통주저음은 헨델이나 바흐가 활동하던 18세기 바로크 시대까지 행해졌던 것인데 저음부에는 계속 같은 리듬을 연주하고 그 위의 성부만 변하는 거예요. 고전주의 시대에 와서는 없어졌죠. 요새 와서는 멜로디를 뺀 리듬과 화음을 기타로 반주하는 것을 통주저음의 일종이라고 할 수 있습니다.

인간적인 것에 대한 관심

이숭원 : 선생님의 시를 보면 시의 긴장이 표현의 측면에서만 오는 것은 아닙니다. 주제랄까 시의식의 측면에서도 그러합니다. 선생님의 최근작을 읽으면 오히려 그전의 작품보다 강렬한 주제의식을 감지하게 됩니다. 물론 그 주제는 관념적으로 인식되지 않고 시의 문맥 속에 용해되어 있지요. 가령 「무굴일기」 연작을 보면 인간이 감득하

는 아름다움에서 출발해서 그것을 인식하고 수용하는 자아의 태도, 거기서 드러나는 인간의 존재 확인이라는 문제를 다루고 있어요. 또 올봄에 《비평》지에 발표하신 작품 세 편을 보더라도 토마스 만의 소설을 읽던 과거의 '나'를 회상하면서 과거의 정열이 지금 어떻게 되었는지 자문한다든가, 장가계(張家界) 계곡 아래 개미 다리 관절보다 더 작은 점처럼 보이는 사람들이지만 그들이 인간으로 살아간다는 사실이 '마음의 벽을 적시는' 체험을 이야기하고 있습니다. 이것은 결국 선생님 시의 주제가 인간에 집중된다는 사실을 알려줍니다. 인간이 이렇게 살고 있다는 사실에 대한 정말 인간적인 자각 같은 것 말입니다. 그러한 정신의 긴장은 어떻게 유지되는 것인지요?

황동규 : 젊은 시절에 독일어도 배울 겸 토마스 만의 소설 「토니오 크뢰거」를 원서로 읽기도 했습니다. 번역본보다 원서를 읽어야 작품의 정확한 의미를 파악할 수 있다고 생각한 것이지요. 지금 생각하니 그것이 젊음의 열정이었던 것 같아요. 사전을 계속 뒤지면서 읽었던 기억이 새롭습니다. 그 열정을 아직 간직하고 있습니다.

장가계를 소재로 한 작품에는 '개미 관절보다 더 작은 인간이 그냥 인간만이겠는가?'라는 구절이 거기 나오지요. 그것은 작년에 중국의 장가계 여행에서 얻은 생각을 시로 표현한 것입니다. 장가계 산 위에서 볼 때는 저 밑에 있는 사람들이 개미보다도 더 작게 보여요. 그런데 옆을 보니 천진한 표정으로 물건을 파는 원주민 소년 소녀의 애환이 있었어요. 저 밑에 미미하게 보이는 존재들이지만 그 사람들도 다 개성이 있고 혼자만의 고통이 있고, 혼자만의 삶이 있고, 혼자

만의 분노가 있는 존재라는 것을 자각하게 된 것이죠. 자연을 대하면서도 사람의 삶을 연계하고 거기 담긴 삶의 자취를 발견하게 됩니다. 그것 역시 앞에서 말한 시와 계속 대화를 나누고 끝까지 질문하는 존재로 남고 싶다는 생각과 관련된 것이겠지요. 좋은 시란 인간에 대한 질문을 담고 있는 시가 아니겠어요? 의도적으로 정신의 긴장을 유지하겠다는 생각은 거의 하지 않았어요. 다만 시를 쓸 때마다 늘 인간에 대한 질문을 한다는 생각, 어제와 같은 생각이 아니라 그때그때 상황에 걸맞는 오늘의 생각을 하자는 생각을 계속 유지하려고 했습니다.

실존주의의 영향

이숭원 : 인간이 담기되 그것이 생경한 관념이 아니라 살아 있는 질문의 형식으로 열어 놓는다는 것이 선생님 시의 특징인 것 같아요. 이 시도 '인간이다'라고 단정하지 않고 '그냥 인간이겠는가?'라고 질문을 던지잖아요. 선생님은 시가 나를 버리라고 한다면 순순히 버리겠다고 하셨는데 아마 그때까지는 인간에 대한 탐구로 요약되는 이러한 질문이 계속 이어질 것 같아요. 초기작부터 계속 이어져 오는 선생님의 이러한 생의 문제에 대한 탐구가 혹시 선생님의 청소년 시절 즉 6·25전쟁 이후 우리나라에 밀려온 실존주의의 영향을 받으신 것은 아닐까요?

황동규 : 아마 받았겠지요. 그것을 부정하기는 어려울 겁니다. 이런

이야기를 한 적도 있어요. 미당을 제대로 만나려면 자신의 '실존'을 가지고 만나야 한다. 미당에 대한 여러 가지 말들이 있지만, 미당에 대해 자신이 좋다든가 나쁘다든가 하는 판단을 내리려면 미리 주어진 도덕적인 전제를 가지고 판단하지 말고 자신의 실존적인 문제를 가지고 미당과 직접 부딪쳐야 한다는 것이지요. 실존적인 결단을 내려야 한다는 말도 했어요. 이런 생각은 실존주의의 영향이라고도 할 수 있겠고 더 넓게 보면 한국전쟁의 영향이라고도 할 수 있습니다. 6·25 때 모든 것이 다 무너지는 것을 봤으니까요. 기존의 전제를 떠난 상태에서 자신이 직접 고민하는 국면에서 미당의 시와 만나야 한다는 것이지요.

이숭원 : 실존주의 계열의 책으로는 어떤 것을 읽으셨어요?

황동규 : 처음에는 실존주의를 잘 이해하지 못하고 그냥 공식적으로 이해한 셈이었어요. 그러다가 여러 사람의 책, 예를 들어 사르트르나 하이데거의 책을 접했지요. 물론 주저를 다 읽지는 못했지만 실존주의에 대해서 좀 알고 있다고 생각합니다. 한꺼번에 한 책에서 얻은 것이 아니라 여러 문헌을 통해 축적된 것이지요.

종교 없이도 종교적으로 산다는 것, 문학이 도와줄 수 있는 것

이숭원 : 열두 번째 시집인 『우연에 기댈 때도 있었다』에 예수와 불타 혹은 예수와 원효가 대화를 나누는 시편이 여러 편 들어 있었지요. 『꽃의 고요』에서 그것은 더욱 심화되어 나타났는데, 요즘에는 그

런 시편을 잘 쓰지 않는 것 같습니다.

황동규 : 아닙니다. 한 편은 발표했고 또 발표 안 한 것이 4, 5편 있습니다. 현재도 계속 관심을 가지고 있는데, 중간에 쓰다 버리는 것이 생길지 모르지만 그 계열의 작품을 계속 쓰고 있습니다. 나는 사실 앞날에 대한 계획을 세우고 그것에 따라 일하는 사람이 아닙니다. 계획적인 대화가 대화인가요? 그런 작품 쓰기가 한 십여 년 전부터 계속 지속되었는데, 내가 아무리 시 하고 대화하고 관계를 유지하더라도 어느 날 갑자기 그 관계가 끝날 수도 있지 않습니까? 그래서 앞날에 대한 계획을 말할 수는 없습니다. 금년 가을에 산문집 하나 내는 것 하고 내년 봄에 시집을 하나 내는 거 외에는 일체 계획이 없습니다.

이숭원 : 선생님, 그럼 예수와 석가 시편에 대한 질문을 계속해서 드리도록 하겠습니다. 예수와 석가가 대화를 나누는 시들이 기독교 정통주의에 입각한 사람들에게 조금 거북한 느낌을 주지는 않았나요? 또 선생님께서 갖고 계신 유불선을 통합한 듯한 다원주의적 세계관도 유교문화나 서구 인문주의에 충실한 사람에게는 호감을 주지 못했을 수도 있겠지요. 선생님은 기독교 가정에서 성장하셨으면서도 불교 쪽에 많이 기우신 것 같아요.

황동규 : 나는 어느 한쪽으로 기울어졌다고 생각하지 않습니다. 내가 아는 기독교 신자 몇 사람은 나의 예수와 불타 사이의 대화시를 완전히 50 대 50으로, 불타 하고 예수의 중요도를 반반으로 생각하더군요. 지난번에 시집이 나왔을 때도 신교 계통의 주간지 두 군데서 인

터뷰를 했어요. 기독교 쪽에서 관심을 표명한 것이지요. 물론 불교 쪽에서도 관심을 보였고 그 시집으로 만해대상을 받았습니다. 이런 것을 보면 거부감을 주었다는 생각은 들지 않아요. 모두가 다 좋아하지는 않겠지만. 그리고 오늘날 유럽인들은 '정통' 기독교에서 우리보다도 더 벗어나 있습니다.

이숭원 : 사람에게 신앙이 없더라도 종교는 중요한 역할을 하는 것 같아요. 종교적인 관심은 결국 삶에 대한 관심과 통하고 이 세상의 유한한 세속성을 넘어서려는 시도가 문학이고 종교일 테니까요.

황동규 : 종교는 상당히 중요한 역할을 하지요. 인간이 인간답게 되는 데, 소위 문명인이 되는 데에는 종교의 역할이 컸습니다. 희랍신화에 나오는 신과 인간에 대한 이야기도 다신교지만 종교입니다. 인도를 지배한 종족이나 희랍문화를 이룩한 종족이 다 같은 아리안 계통이라 그런지 인도의 다신교와 희랍의 다신교는 우리 전통과는 좀 다르지만 둘 다 훌륭한 종교입니다. 희랍이나 인도의 종교가 문명을 만드는 데 얼마나 기여했습니까? 인간이 세속화되면서 종교와 멀어지는데, 종교가 없어질 경우에 인간이 정말 인간다운 인간으로 남을 수 있느냐 하면 나는 그렇게 단순하게 생각하지 않습니다. 오히려 더욱 미신에 의존하게 되기도 하고, 너무 이기주의적이 되는가 하면, 또 너무 허무주의적이 되기도 하니까요. 더구나 거대담론이 사라진 지금 종교 없이도 인간이 자신보다 더 큰 존재를 만나는 체험을 하면서 살아갈 수 있는가 하는 것이 앞으로 중요한 과제가 될 것 같습니다.

이숭원 : 종교에 기대지 않고도 종교적으로 사는 것, 선생님께서 시

에 질문을 계속 하시는 데 있어서도 종교적인 것이 상당히 중요한 역할을 하겠어요.

황동규 : 그렇지요. 기독교냐 불교냐 하는 것을 떠나서요. 자신보다 더 큰 존재를 만나는 체험을 문학이, 특히 시가 어느 정도 마련해주지 않겠습니까?

이숭원 : 종교는 결국 인간의 초월에 대한 갈망에서 형성된 것 같아요. 영생을 얻을 수 있느냐, 해탈할 수 있느냐. 이러한 데에서 종교가 출발했을 텐데요.

황동규 : 기독교의 출발, 혹은 불교의 출발을 보면 영생보다 어떻게 인간답게 사느냐가 더 중요한 관점이었을 것 같습니다. 예컨대, 불타가 남긴 말에는 극락세계에 대한 것이 없어요. 예수의 말에도 지옥이나 천당에 대한 이야기가 거의 없지요. 공자는 죽은 후의 세계는 잘 모른다고 했고 불타도 죽음의 문제보다는 삶의 문제를 해결하는 게 먼저라고 했잖아요.

공자야말로 삶의 문제를 집중적으로 이야기했죠. 제가 보기에는 유교도 물론 종교입니다. 삶의 질서를 부여하고 어떻게 살아야 하느냐는 질문을 계속하고 있으니까요. 인간이 어떠한 일을 자기 혼자 해결하지 못할 때, 긴 세월 동안 얻은 지혜 같은 것이 있잖아요. 그런 지혜를 통해서 인간이 인간답게 사는 데 도움을 얻을 수 있습니다. 그렇기 때문에 우리는 종교의 중요성을 훼손해서는 안 된다고 생각해요. 예를 들면, 희랍문명은 희랍종교의 도움을 받았고, 기독교는 기독교대로, 불교는 불교대로 인간이 인간답게 사는 데 많은 도움을 준 것이지요. 종교는 인간에게 상당히 중요한 일들을 많이 하기 때문에 무시해서는 안 된다고 생각합니다.

  만일 유교나 불교나 기독교가 이 지상에서 힘을 잃었을 때, 인간은 종교가 없이도 종교적으로 살 수 있는가? 어떻게 살아야 하느냐를 염두에 두고 살 수 있는가? 이런 것을 진지하게 생각해 봐야지요. 이것은 돈을 많이 번다든가, 자신이 하고 싶은 것을 마음대로 하며 산다든가 하는 그런 차원의 것이 아닙니다. 인간이라면 어떻게 사는 것이 바람직한가? 어떻게 사는 것이 더 인간적인가? 우리가 사는 삶보다 더 나은 삶은 어떤 것인가? 이런 질문이 중요한 것인데 그런 질문을 종교 없이도 계속 밀고 나갈 수 있겠는가? 이런 문제가 앞으로 중요한 화두가 될 것 같습니다. 다시 말하지만 나는 문학 혹은 시가 앞으로 이 문제에 도움이 되리라는 생각입니다.

죽음의 문제

이숭원 : 사람이 어떻게 사느냐? 어떤 것이 인간답게 사는 거냐? 여기에 종교의 핵심이 있다는 말씀이신데요. 선생님의 최근의 시를 보면 어떻게 죽느냐에 대해서도 관심이 있는 것 같아요. 제가 선생님 작품 중 《문학과 사회》에 발표될 작품을 미리 볼 기회가 있었거든요. 거기 보면 얼어 죽은 새를 보고 '이처럼 정(淨)하고 틈새 없는 죽음'을 생각하기도 하고(「늦추위」), 감기를 심하게 앓다가 몸이 가벼워지자 '이 환한 살아 있음!'을 느끼기도 하고(「삶의 맛」), '저 세상 불빛을

한 순간 미리 본 적이 있는가'라는 명상을 하기도 합니다(「몸의 맛」). 이런 시구를 보면 『풍장』 연작을 통해 죽음의 문제를 졸업했다고 하셨지만 여전히 죽음에 대해 명상하면서 삶의 연장으로서의 죽음을 생각하시는 게 아닌가 하는 생각이 들거든요. 선생님은 늙음을 자각하지 못하신다고 하는데 육체의 노화는 느끼시지요? 술의 양이 줄어들고 비문증(飛蚊症)이 생기기도 하구요.

황동규 : 눈앞에 물체가 날아다니는 것 같은 비문증이 말이죠, 오히려 시를 쓰면서 경감되었어요. 사실 비문증 때문에 참 고통스러웠어요. 별 일을 다 해도 눈앞의 물체가 사라지지 않고 뭔가 날아다니는 거예요. 모든 것이 다 녹는데 왜 눈 속의 물체는 안 녹는지. 눈물이 나올 정도로 눈을 꼭 감았는데도 녹지 않아요. 그래서 눈 속의 뭐가 날건 말건 내버려두자고 시를 썼더니, 그 다음부터는 의식할 때만 날아요.(웃음) 이것도 시가 내게 가르쳐준 겁니다. 처음부터 그렇게 쓰려고 한 게 아닌데 시를 쓰다보니 그런 생각에 이르렀어요.

　나이가 들면 주량이 준다고 했는데 그건 사실이지요. 그럼 그 다음 날 오히려 정신이 깨끗해요. 그래서 나는 주량이 주는 것에 대해서 안타까워하지 않습니다. 내 몸이 안 받아주는 것이지 내가 일부러 줄이려고 하는 것이 아니니까요. 앞으로 여름에 땀이 많이 나게 되면 다시 늘 수도 있는 것이구요. 육체의 노화나 죽음도 생각하기에 따라 아주 자연스러운 생명현상으로 받아들일 수 있는 것입니다.

이숭원 : 어떤 분들은 종교 없이 살다가 돌아가시기 전에 종교에 귀의하는 경우도 있는데요. 말하자면 죽음의 공포를 덜어내기 위해서

혹은 잘 죽기 위해서 종교를 받아들이는 것 같습니다. 선생님은 어떻게 생각하시나요?

황동규 : 나는 그런 행동이 죽음의 공포를 재확인하는 것에 불과하다고 생각합니다. 그것은 제도를 통해 공포를 줄이려는 시도이지 죽음의 공포에서 벗어나는 행위는 아닌 것 같아요.

죽음은 모든 존재에게 오는 것이니까 죽음은 두려워할 게 아니죠. 생물에게는 오히려 죽을 수 있다는 것이 다행 아닙니까? 만일 몸이 노쇠해져서 꼼짝도 할 수 없는데 삶이 한없이 계속된다면 얼마나 고통스럽겠어요. 죽음이 있기 때문에 삶의 황홀함도 제대로 느낄 수 있는 것이죠. 그런데 내 경우엔 이런 죽음과 삶에 대한 인식을 논리적으로 따져서 얻은 것이 아니라 시를 쓰는 과정에서 얻었던 것입니다. 누구에게 강의를 듣거나 책을 보고 안 것이 아니라 시를 쓰는 총체적 과정 속에서 그러한 생각에 도달한 것이지요.

상상력의 섬광과 시의 맛

이숭원 : 앞에서 잠시 말씀 드린 「무굴일기」는 정말 선생님의 역작이라고 생각합니다. 3부로 구성된 연작 완결편인데요. 작품마다 완성에 이르는 시간이 다를 텐데 「무굴일기」 같은 시는 쓰신 기간이 어떻게 되나요?

황동규 : 오래 전부터 의도적으로 긴 시들을 시도해보고 있는데 음악으로 치면 몇 개의 악장을 가진 그런 시를 써보고 싶은 것이지요. 한

때 아포리즘 비슷한 단형의 시가 유행하기도 했는데, 시가 단형 위주로만 되어서는 곤란하지요. 음악이 멋진 몇 소절만으로 끝나서야 되겠어요? 그러니까 장시는 다목적의 구조물 같은 겁니다. 장시의 경우 어떤 것은 1년 가까이 매만지기도 하고 또 어떤 것은 비교적 빨리 완성하기도 하는데「무굴일기」는 길이에 비해 빨리 썼어요. 거의 한숨에 썼습니다. 계속 오랫동안 머릿속에 구상을 갖고 있다가 썼는데, 그렇다고 결론을 가지고 쓴 것은 아닙니다. 시 하고 대화하는 속에서 결론에 이른 것이지요.

이숭원 : 선생님은 시에서 자신의 일상사나 내면의 움직임을 비교적 솔직하게 드러내시는 편인데「무굴일기」에서는 뜻밖에도 선생님 자신을 '뿔테안경 낀 성성(猩猩)이'라든가 '외서(外書)를 옆구리에 낀 성성이'로, 어떻게 보면 다소 부정적으로 표현하신 것 같아요. 1부 하고 3부에 성성이 묘사가 나오는데 저로서는 좀 뜻밖이었습니다.

황동규 : 가운데 부분이 체험의 형상화 면에서 중심입니다. 앞 뒤 부분은 내 체험의 미화도 되면서 동시에 비판이나 조롱도 되는 것이지요. 그것은 거의 동시에 일어나는 것입니다. 앞부분도 대학 시절의 이야기를 회상한 것이라고 할 수 있지만. 대학교 2학년 때인데 잘 모르면서 건방지게 외국 원서 끼고 다니는 행동은 어떻게 보면 원숭이가 책을 끼고 다니는 것과 같겠지요.(웃음) 그것을 그대로 노래한 것이에요. 감출 필요가 없는 것이지요.

이숭원 : 선생님 시에는 자연물이 많이 등장하는데「무굴일기」에는 '참으아리'가 등장합니다. 그런 식물 이름을 어떻게 다 찾아내서 알

아두셨는지 궁금해요.

황동규 : 나는 식물에 관심이 많습니다. 중학교 때 생물반이었던 아내에게 배운 것도 많고, 무엇보다도 꽃에 관심이 많아요. 모르는 꽃이 있으면 물어보기도 하고 식물도감을 찾아보기도 했어요. 그런데 요즘 문인들은 식물에 관심이 별로 없는 것 같아요. 어떤 작품을 보니까 감나무 잎은 4월 중순쯤 되어야 돋아나는데 새봄에 감나무 잎이 난다고 하는 것을 보았어요. 떡갈나무와 상수리나무를 혼동하기도 하구요. 꽃이 피는 시기라든가 나무의 모양 같은 것을 제대로 알아야 꽃의 삶에 대해 제대로 쓸 수 있지 않겠습니까? 내가 살았던 시대는 6·25가 지나간 시대여서 꽃에 대해서 생각할 여유가 없는 시대였습니다. 그때는 꽃가게도 몇 없었고, 꽃이 비싸서 살 엄두도 못 냈어요. 그래서 오히려 식물에 대해서 관찰을 많이 하고 책도 많이 찾아보고 한 것입니다.

이숭원 : 「몸의 맛」이라는 시에는 '이질풀'이 나옵니다. 이질풀은 어떤 건가요?

황동규 : 이질풀은 방언이 몇 있는 풀의 표준어인데 이질에 먹으면 좋다고 하는, 눈으로 찾기는 힘들지만 흔한 풀입니다. 작은 키에 꽃잎이 아주 작아요. 이번 시는 서울대 야구장 근처에서 그 꽃을 보고 쓴 건데 그 꽃이 지고 있었어요. 꽃잎이 다 지면 꽃자리가 미니 샹들리에 모양의 녹색의 형태가 되어 같은 색깔인 풀 속으로 사라지지요.

 상상력이 삶의 뇌관을 터뜨리는 수가 있습니다. 뇌관은 삶의 진실이기도 하고 인간의 아름다움이기도 하고 자연과의 부딪힘이기도 하지요. 뇌관의 내용이 어떻든 상상력이 삶의 뇌관을 건드렸을 때 섬광이 생겨요. 그 순간의 섬광을 어떻게 유지하느냐가 문제지요. 그 순간의 섬광에서 '삶의 맛'을 느끼게 되는 것인데 그 '삶의 맛'을 얼마만큼 살려 가지느냐 하는 것이 인간이 사는 중요한 의미의 하나라고 생각합니다. '몸의 맛'도 마찬가지입니다. 삶의 뇌관을 건드린 순간의 섬광이 몸을 통해 감지되기 마련이니까요. 섬광은 잠깐 빛을 내고 사라지는데, 그 순간을 포착해서 얼마나 제대로 유지할 수가 있는가? 말하자면 '삶의 맛'이나 '몸의 맛'은 꽃이 지더라도 그 순간을 오래도록 지니고 있겠다는 인간적인 욕구요 슬픔이지요. 중요한 것은 상상력이 삶의 뇌관을 터트릴 때 섬광이 번쩍하는데 그것을 얼마나 끈질기게 살려 가지느냐 하는 것입니다.

이숭원 : 「삶을 살아낸다는 건」에 나오는 '피라칸사 열매'는 또 어떤 것인가요?

황동규 : 작품을 교정하면서 잡지사 편집부의 권유대로 '피라칸타'로 바꾸었어요. 사전에 그렇게 나온다고 합니다. 피라칸타는 장미과인데 묘한 귀화 식물이에요. 우리나라 남해 쪽에서는 상록수로 겨울을 나는데 중부지방에서는 가을에 잎이 지니까 낙엽수이지요. 흰 꽃이 탐스럽고 예쁜데, 빨간 열매가 열려요. 내가 다니는 현충원에서 처음으로 만났습니다. 그런데 서울 피라칸타는 얼치기였어요. 상록수도 아니고 낙엽수도 아니고. 본래는 잎이 다 지고 겨울을 나야 하는데 겨울 다 지난 다음에 봄에 지는 거예요. 그것을 보면서 기후의 변화에 의해 식물이 변하는 현장을 목격하는 것 같았습니다.

그런데 그 시에서 큰 벚나무의 깊이 파인 가슴이 나타나는데, '다 나았소이다' 하고 내게 속삭입니다. 내가 보기에는 다 나은 것 같지 않은데. 그 다음 구절이 시의 핵심이지요. '삶을 살아낸다는 건……' 점을 찍은 것 다음에 뭐가 들어가겠어요? 삶을 살아낸다는 건 얼마나 고통스럽고 구차스럽고 얼마나 괴롭고 그러면서도 또 얼마나 황홀한 일인가. 이런 의미가 다 포함되는 것 아니겠어요? 삶을 살아 낸다는 것은 삶의 내용이 어떻든간에 자신이 원하든 원하지 않든 살아내야 하는 것입니다. 나무한테 배운 것입니다.

최초의 현대적 연애시

이숭원 : 이제 지난 세월의 사연을 좀 여쭈어보겠습니다. 선생님께서 등단하시기 전, 그러니까 연상의 어느 여대생을 짝사랑하고 있던 시절인 것 같은데, 고등학교 2학년 여름방학에 동학사에 거사로 계시던 김구용 선생님을 찾아뵈었다고 하셨습니다. 어떻게 김구용 선생님을 찾으신 것인지, 김구용 선생님의 시에 관심이 있었던 것인지 그 점이 늘 궁금했습니다. 그 점에 대해 말씀해주십시오.
황동규 : 아버님 때문에 김구용 선생님이 우리 집에 여러 번 들리셨어요. 술을 드시러요. 어떤 때는 아버님보다 먼저 와서 대화를 나누기도 했습니다. 김구용 선생님이 나보고 자신이 살고 있는 동학사로 놀러 오라고 해서 놀러 갔어요.
  내 젊은 시절은 좌우익 싸움의 후유증과, 6·25를 끝낸 지 얼마 안

되었기 때문에 술좌석에서 문학이야기를 안 하는 분위기였습니다. 누군가 문학이야기를 하면 '자네, 그런 이야기 하지 말고 술이나 마셔' 하던 시대였거든요. 그런데 문학이야기를 한 사람이 두 사람 있었어요. 한 분은 김수영 선생님 그리고 김구용 선생님. 김구용 선생님 하고 문학이야기를 할 수 있었기에 찾아뵌 것이지요.

이숭원 : 그 당시가 1950년대 중반이니까 김구용 선생님의 연세가 30대 중반이신데, 당시 고등학생이었던 선생님과 이야기를 잘 하셨어요?

황동규 : 네. 그래도 이야기했어요. 선생님과 나와는 처음부터 인생관이나 시관이 아주 달랐습니다. 그래도 선생님은 당신이 읽은 문학작품에 대한 소감 외에 많은 이야기를 해주셨어요. 나는 일본말을 몰랐으니까 선생님은 일본 책을 통한 문학적인 것들에 대해서 많은 이야기를 하셨습니다. 많이 배웠습니다.

이숭원 : 선생님의 등단작 「즐거운 편지」는 이제 전 국민이 애송하는 유명한 사랑노래가 되었습니다. 그런데 이 시가 그렇게 이해하기 쉬운 시가 아니지요. 제가 고등학교 교사를 할 때 이 시를 칠판에 써 놓고 설명을 했는데 학생들의 반쯤만 제대로 이해를 하는 것 같았어요. 선생님께서는 이 시에 대해 '우리나라 최초의 현대적 연애시일지 모르죠'라고 말씀하셨어요. 저는 그 뜻을 잘 알지만 일반 독자들은 최초의 현대적 연애시가 무엇을 뜻하는지 모를 수도 있으니까 그 점을 좀 설명해주십시오.

황동규 : 내가 연애시를 하나 쓰려고 했을 때 나는 한용운이나 김소

월 또는 미당의 연애시의 맥을 따르되 좀 다른 시를 쓰려고 생각했습니다. 6·25전쟁을 거치면서 나는 이분들이 생각하는 '영원히 사랑한다'든가 '가시는 듯 도셔오셔소'라는 감정이 우리시대에 맞지 않는다는 생각이 들었습니다. 사랑도 일종의 선택이고 약속이고, 언젠가는 끝날 수도 있는 것 아니겠습니까? 시간이 지나서 뒤돌아보면 다 그렇거든요. 그래서 내 사랑도 어디선가 그칠 것이라고도 생각한 것입니다. 이런 것을 잠시 접어두고 작품 제작 현장으로 돌아가보면, 내가 처음에 쓰려고 했던 의도는 한용운이나 서정주보다는 조금 더 멋있는, 그러면서 조금 다른 시를 쓰고자 했던 것인데, 내 의도와는 상관없는 시가 나온 셈이에요. 내 사랑도 언젠가 반드시 그칠 것을 믿는다, 라는 구절이 들어가 박힌 것입니다. 전통적인 사랑노래에서 벗어난 것이지요. 사랑도 어디선가 그치는 것이지만, 그럼에도 불구하고 사랑의 앞날은 알 수 없지 않느냐? 중간에 끝날 것을 알면서도 알 수 없는 한 끝나지 않을 것처럼, 다시 말하면 낙엽이 떨어지고 꽃이 피고 나시 낙엽이 떨어지는 것처럼, 그렇게 계속 반복되는 것인 양 인간을 사랑할 수밖에 없지 않겠느냐 하는 겁니다. 영원한 사랑은 없다는 것을 알면서도 '영원히' 사랑할 수밖에 없다는 것이죠. 그런 점에서 '현대적'이란 말을 쓴 겁니다.

미당은 미당, 김수영은 김수영

이숭원 : 선생님을 추천해주신 분이 바로 서정주 시인인데 그분의

심사평도 작품을 제대로 본 것이라고 생각합니다. 선생님은 서정주 시인에 대해 샤머니즘적 윤리관을 가진 분이라든가 하는 등의 말씀을 하신 적이 있는데 이번에는 '미당은 컬러풀(colorful)한 사람'이라고 말씀하셨어요. 그것은 어떠한 측면을 지칭한 것인가요?

황동규 : 컬러풀하다는 것은 윤리적인 점을 염두에 두고 한 말이 아닙니다. 음, 좋은 우리나라 말이 생각났으면 내가 왜 컬러풀하다고 했겠어요?(웃음) 컬러풀하다는 것은 어떻게 보면 변화무쌍하고 또 여러 측면을 가지고 있고, 밝은 면도 있고 밝지 않은 면도 포함되어 있고, 그런 것을 함축한 거죠. 샤머니즘도 컬러풀하거든요.

이숭원 : 선생님은 서정주와 김수영을 가장 좋아하는 시인으로 들면서도 그분들과는 다른 길을 뚫어 왔다고 하셨습니다. 지난번 어느 대담에서 기자가 그 두 분에게 콤플렉스는 갖지 않았느냐는 질문까지 했어요. 저는 물론 그렇게 생각하지 않습니다만 그 점에 대해서 선생님 의견을 분명히 해 두실 필요가 있을 것 같습니다.

황동규 : 서정주 선생님이 작고하신 후에 그분을 폄하는 바람이 불었습니다. 그때 나는 그분을 옹호하는 강연을 여럿 하고 세찬 비난도 받았습니다. 지금은 서정주 선생에 대한 평가를 본격적으로 할 때가 되었다고 생각합니다. 그분의 샤머니즘 윤리관은 문제가 있다고 생각해요. 샤머니즘의 윤리관은 언제나 이기는 편에 서는 것입니다. 낭만주의 이후 여러 나라의 시인을 보면 그런 윤리관을 가진 시인은 없습니다. 미당의 후기 시에 「곡(曲)」이라는 시가 있어요. 그 시를 보면 '세상을 살려면 좀 구부리고 살아라', 구부리고 사는 게 더 좋을 수

있다는 의미인데, 그런 내용의 시는 내가 좋아하는 시의 목록에서 본 적이 없습니다.

그리고 또 제목을 잊었는데, 조광조와 어느 여인의 관계에 대한 시가 있습니다. 조광조가 젊은 시절 어느 집에 묵으려 할 때 조광조의 생김새에 반했던지 한 여인이 추파를 던졌어요. 하지만 조광조는 눈치를 채고 그 여인을 피해 딴 집으로 옮기고 그 여인이 준 비녀까지 돌려주었다는 겁니다. 아마 야화에 나오는 이야기를 가지고 쓴 시겠지요. 그런데 선생님이 그 다음에 계속해서 쓴 내용이 문제예요. 조광조가 그런 성격을 가지고 있었기 때문에 30대에 사약을 받았고, 부모처자까지 망하게 했다고 보았습니다. 그런데 조광조는 이상세계를 펼치다가 좌절되어서 죽은 사람 아닙니까? 우리는 자기 이상을 위해서 노력하다가 죽은 사람에 대해 손가락질할 권리는 없어요. 조광조는 이상사회를 실현해보려고 애쓰다가 소위 훈구파에 의해 역적으로 몰려서 죽은 것인데, 왜 적당히 히히덕거리고 즐기지 못하고 그렇게 죽었느냐는 식으로 말을 해서는 곤란합니다.

이숭원 : 미당 선생님이 조광조의 죽음에 대해서 그런 묘한 해석을 하셨네요.

황동규 : 사실 미당의 친일문제, 권력지향 문제는 미당의 이런 샤머니즘적인 윤리관에서 나온 것이라 생각합니다. 미당은 50대 이후 같은 소재를 가지고 산문으로 쓰고 자유시로도 쓰고 다시 산문시로 쓰는 등 유사한 내용의 작품을 반복해서 썼습니다. 거기다 여러 나라의 산을 소재로 해서 이런저런 이야기를 쓴 「산시」 같은 연작시는 거의

의미가 없는 거라고 봅니다. 이런 반복이나 산시를 쓴 것 역시 그의 윤리관에서 나온 것이라 생각합니다.

  김수영 선생님과는 정말 문학에 대해 많은 대화를 나누고 거기서 배운 바도 많았습니다. 김수영 선생님 돌아가신 후 70년대에 두 번째 시선집의 해설을 쓰고 김수영에 대한 비평문을 모은 책을 엮으면서 김수영 시를 바라보는 중요한 관점을 제시하기도 했지요. 그렇지만 김수영의 시도 다 좋은 것이 아니에요. 형상화가 덜 된 시가 많습니다. 일상에서 출발해서 일상 이상의 것을 이야기하는 시가 좋은 시인데 푸념으로 그친 시도 많아요. 자기 부인을 적으로 모는데 적으로 모는 자신에 대한 성찰이 없습니다.

  하지만 두 분 다 부분적인 단점에도 불구하고 위대한 시인이라고 생각합니다. 가령 미당 선생 같은 경우 그분이 서구의 시민정신이나 근대사회의 윤리관을 갖지 않고 샤머니즘의 세계관을 가지고 있었기 때문에 다른 시인이 도저히 만들어낼 수 없는 황홀한 시를 쓸 수 있었다는 사실입니다. 그분의 토속적인 언어와 정서가 바로 샤머니즘에 가까운 것이 우연이 아닙니다. 그리고 시의 핵심이 노래라는 사실을 그분처럼 절실히 보여준 예도 없습니다. 한편 김수영 선생은 한국 시에서 세계를 구조적으로 보는 방법을 실천한 최초의 시인입니다. 가령 「사랑의 변주곡」에서 '욕망이여 입을 열어라 그 속에서/사랑을 발견하겠다'라고 말할 때 그것은 우리에게 미리 주어진 관습의 틀에서 벗어나 사랑까지도 욕망의 일부라는 사실을 구조적으로 새롭게 파악한 것이지요. 또 누구보다도 먼저 시적 자아를 생활하는 인간 쪽으로 끌어내는 일도 했구요. 그리고 두 분 모두 훌륭한 산문가였습니다. 그러나 아무리 생각해 봐도 나는 이들에게 콤플렉스를 느낀 적이 없습니다. 다만 그분들과 다른 시를 써야겠다는 생각을 무의식중에 했는지는 모르지만.

편지와 일기 형식의 친숙성

이숭원 : 선생님 시에는 '누구누구에게'라는 부제가 붙은 시가 여러 편 있습니다. 이것은 일종의 편지의 형식을 염두에 둔 것으로 읽힙니다. 「즐거운 편지」를 위시해서 '편지'라는 제목의 시도 여러 편이 있지요. 또 '일기'로 끝나는 시도 많습니다. 「무굴일기」를 위시해서 「아이오와 일기」, 「관악 일기」 등 많은 시들이 있지요. 이로 보면 선생님 시에서 편지와 일기가 창작의 중요한 모티프를 형성한다고 말할 수 있겠습니다. 혹시 이런 점을 알고 계셨는지요?

황동규 : '누구누구에게'라는 말이 들어갔다고 해서 반드시 편지 형식이라고 할 수는 없어요. 편지가 아니라 헌정의 형식이지요. 편지나 일기는 친근감을 주잖아요. 나는 친근감을 주고 싶었습니다. 편지는 친근감이 있고 일기는 내면 고백의 담백함이 있고. 헌정 형식을 취한 시는 유럽에서는 아주 흔한 겁니다. 두보의 시에도 헌정시가 많아요. 이백의 시에도 그런 것이 많고 예이츠의 시도 그렇고. 내가 좋아하는 음악가 베토벤도 헌정한 작품이 많습니다.

이숭원 : 선생님은 요즘도 일기를 계속 쓰시나 봐요. 《비평》 봄호에

발표한 「오월동주」라는 시를 보니까 일기를 앞에 내놓으셨어요. 날짜까지 써 놓고 일기라고 밝히셨습니다.

황동규 : 시에 도움이 되려고 일기를 쓰는 것은 아니지만 시에 도움이 될 때가 있어요. 일기를 특별히 결심하고 쓰는 것은 아닙니다. 내 시를 해설한 책이 있었어요. 『시가 태어나는 자리』라고. 아마 처음 발표될 때는 다른 제목이었을 겁니다. 시 해설 연재를 끝내고 나니까 너무나 허전했어요. 그래서 이 허전함을 메울 수 있는 것이 무엇일까 생각하다가 그래 일기를 써보자 해서 시작했는데, 내 기억력이 저조해질수록 많은 도움을 받았습니다.

 일기라고는 하지만 정식 일기가 아니라 내가 겪었던 일을 간단히 적는 것인데 겪었을 때는 몰랐던 것을 알게 될 때가 있습니다. 일기를 통한 나 자신과의 대화라고 할 수 있지요. 하지만 일기를 매일 쓰는 것은 아니고 생각날 때 써요. 여행을 갔다 오면 여행보고서를 줄여서 만들어 놓기도 하고, 그리고 무슨 중요한 일이 있을 때 쓰기도 하고, 아니면 며칠 동안 일기를 안 써서 쓰기도 하고(웃음), 규칙은 없습니다.

이숭원 : 어떤 분은 메모지를 가지고 다니면서 시의 아이디어가 생각나면 적어 놓고 자다가도 생각이 떠오르면 일어나서 적는다는데 선생님도 그렇게 수시로 떠오르는 것을 메모하시나요?

황동규 : 예전에 메모도 꽤 해보았는데 메모지에 적어 놓는 것이 별로 도움이 안 돼요. 나중에 생각이 자꾸 바뀌고, 또 시와 대화한 부분이 아니니까요. 단 자다가 깰 때는 많습니다. 그렇지만 메모를 하는

것이 아니라 일어나서 바로 컴퓨터를 켜고 글을 쓰지요. 그렇지 않으면 잊어버리거든요. 그렇게 시를 쓰다 보면 머리가 최상의 상태로 유지되면서 글이 끝나면 잠이 오지 않습니다. 그래서 고생한 적이 많아요. 자다가 깨는 일이 없었으면 좋겠다고 생각하는데, 나도 모르게 일어나게 됩니다.

이숭원 : 글을 쓰는 분들은 어쩔 수가 없는 것 같아요. 저는 아직 기억력을 믿고 밤에 무엇인가 떠오르는 것이 있으면 내일 아침에 깨어나서 제대로 쓰자고 생각하는데 이제 기억이 안 돼요. 꿈처럼 사라져 버려요.

황동규 : 아, 그럼 절대로 안 되죠. 다시 이야기하자면 시와의 대화가 필요한데 메모는 대화가 되지 않잖아요. 시의 시작을 이루는 부분, 감정이나 생각의 엉킴을 푸는 것이 결국 시 쓰는 작업인데, 엉키는 것이 나한테 왔을 때 그것을 단칼에 풀려고 하지 않습니다. 따라서 단칼 같은 메모를 만들지 않습니다. 그건 대화를 하는 것이 아니라 그럴듯한 구절을 기록하는 것뿐이니까요.

이숭원 : 편지와 관련지어 한 가지 질문을 드리고 싶은데, 선생님은 춤을 좋아하시나요?

황동규 : 춤도 여러 가지가 있을 텐데 댄스라고 하는 사교춤은 개인적으로 안 좋아합니다. 부산 피란 시절에 춤 교습소 옆에서 살면서 중학교 시절의 일부를 보냈는데 참 시끄러웠어요. 그때 들리는 발음이 학교에서 배운 발음 '슬로우 슬로우 퀵 퀵'이 아닌 '스로~ 스로~ 캑 캑' 하는 게 아니겠어요?(웃음) 그때만 해도 춤을 추는 것이 개방

적인 것이 아니라 은밀한 것이었어요. 그러나 소위 바람난 사람이 많이 춤을 춘다고 해서 혐오감을 느끼지는 않았습니다. 성인 남녀들한테는 별로 문제가 되지 않지요. 그만한 정도의 자유는 필요하지 않겠어요? 내가 춤을 못 추게 된 주된 원인은 친구들이 춤을 추지 않았기 때문입니다.

이숭원 : 『꽃의 고요』에 들어 있는 역작 장시 「이스탄불 그랜드 바자르에서」에 보면 정신을 황홀케 하는 터키 지역의 '세마춤'이 나옵니다. 거기서 모든 것이 살아 움직이는 생명의 고양된 역동성을 보여주면서 자신도 황홀한 춤의 한가운데로 빠져들어 갑니다. 그런데 지금으로부터 40년 전에 쓰신 편지에 춤이 나와서 새로운 느낌을 받았습니다. 그것은 김현 선생님의 『시인을 찾아서』에 나오는 것인데 영국에 유학 가셨을 때 김현 선생에게 보낸 편지의 일부입니다. '며칠 전에는 책을 던져버리고 나갔습니다. 폭풍 경보가 내린 북해를 바라보며 이것저것 생각하는 동안에 진눈깨비가 내리기 시작하더군요. 갑자기 춤을 추고 싶은 묘한 감정을 느꼈습니다. 목마름에서 나오는 춤, 친구를 만나고 싶은 춤. 더 살고 싶은 춤' 이런 구절입니다. 이 젊은 날의 춤의 충동이 황홀한 세마춤으로, 「무굴일기」에 나오는 최근의 몸 저림의 체험으로 이어지는 것이 아닌가 하는 생각이 들었거든요.

황동규 : 나는 사교춤 이외의 춤은 좋아해요. 옛날에 트위스트도 잘 추었다고 소문났어요.(웃음) 춤은 우리가 몸으로 자기의 생각을 표출할 수 있는 한 방법이죠. 슬픔이나 기쁨을 언어가 아닌 동작으로 나

타내는 것. 춤은 갑갑한 것에서 벗어나서 생명을 분출하고 역동적으로 나타내는, 그런 내면 표출의 한 방법이라고 생각합니다. 「북해」라는 내 시에 북해의 해안을 바라보면서 '얼씨구' 하고 춤을 추는 게 나와요. '두 팔 들고 일보 반보 일보' 하는 독무, 혼자 추는 춤이지요.

이숭원 : 에딘버러 유학 시절의 작품이니까 벌써 40년이 넘는 작품이네요. 선생님이 20대 후반이셨으니까요. 그때의 춤을 추고 싶은 충동이 최근의 작품에서는 세마춤의 황홀한 충격으로 연결되는 것인가요?

황동규 : 세마춤은 춤이되 기도입니다. 춤을 추면서 기도하는 것입니다. 우리 기도의 대부분은 자기나 가족이 잘되고 돈 잘 벌게 해 달라고 비는 것일 겁니다. 대부분의 사람들이 그렇게 기도를 하지요. 그런데 세마춤은 빙글빙글 돌면서 신과 하나가 되는 가장 깨끗한 기도입니다. 황홀도 하구요. 나는 그 춤이 기도의 일종이라서 감동을 받았어요. 춤을 추면서 '내 아들 어느 대학에 제발 합격하게 해주십시오. 이번에 산 주식 값 올려주십시오' 같은 기도는 못 할 것 같아요. 기도를 하라고 하면 자꾸 자기 잘되게 해달라고 하니까 그럼 기도의 내용을 춤으로 해보자. 그러면 자기 잘되게 해달라는 기도는 넘어설 것이 아니냐. 그래서 기도가 세마춤이 된 것 아닐까 하는 생각도 했습니다.

이숭원 : 세마춤이 기도의 양식이라면 절대적인 존재와 하나가 되는 그런 황홀경의 체험을 안겨줄 것 같아요.

황동규 : 그런 결과가 올지 모르지만 그럴수록 출발이 기도라는 점

을 분명히 할 필요가 있지요.

젊은 시인들에게

이숭원 : 등단 50주년을 맞으셨으니까 젊은 시인들에게 한 말씀 해주시지요. 요즈음은 조금 주춤한데 한때 엽기적 상상력에 바탕을 둔 시들, 몇 번 읽어도 잘 이해가 안 되는 시들, 형식의 교란을 보인 시들이 꽤 많이 발표되었지요. 이제는 그런 시들의 광풍이 정리가 되는 것 같습니다. 엽기적이고 기괴한 것들이 유머로 바뀌고 사유의 자유로움으로 전환이 되면서 안정을 찾는 상태예요.

황동규 : 그런데 그 시인들의 정돈된, 좀 쉬운 시를 읽어보니까 단조로워요. 복잡하게 시를 쓰는 것이 단조로움을 감추기 위한 전략이 아니었나 하는 생각이 듭니다. 물론 그 전략은 머릿속으로 세운 것이 아니고 자기도 모르게 나타나는 것이겠지만.

이숭원 : 또 그것과는 대조적으로 노숙한 경지에 이른 듯이 관조하는 시를 쓰는 젊은 시인들이 있어요. 마치 인생을 다 깨달은 사람인 것처럼 시를 쓰기도 하거든요.

황동규 : 최근에 와서 소설가나 시인에게 한꺼번에 상을 몇 개씩 몰아주는, 그래서 그들에게 그야말로 된통 스포트라이트를 비추어주는 현상이 생겨났어요. 그렇게 상을 몰아서 받고 독자들에게 이름이 많이 알려지는 것이 시인에게 반드시 좋은 것은 아닙니다. 상을 너무 많이 받고 인기를 얻으면 막막한 사막이 앞에 전개되는 상태에 도달

하게 되는 것이지요. 그러면 사막을 건너야 하는데, 이런 노숙한 경지에 이른 듯한, 관조의 포즈를 보이는 시들이 바로 사막을 건너는 시들입니다. 나는 그들의 젊음이 사막을 잘 건너게 해주리라 생각해요. 하지만 사막을 건너다가 오아시스를 만나고 목초지를 발견하는 사람도 있겠지만 지쳐 쓰러지는 사람도 있을 것입니다. 중간에 쓰러지는 시인이 훨씬 많을 겁니다.

현재의 문단은 누구 하나 나타났다 하면 여러 개의 상을 한꺼번에 줘요. 문제입니다. 우리나라는 다른 것도 그렇지만 분업화가 잘 안되어 있어요. 이제 우리 문단에도 상이 많아졌으니까 상도 어느 정도 분화가 되었으면 좋겠습니다. 예컨대, 등단 3, 40년 지난 사람들에게 주는 상, 주로 신인들에게 주는 권위 있는 상, 중간 세대를 격려하는 문학상 등으로.

이숭원 : 그것은 비단 젊은 시인만의 경우만이 아니라 나이가 든 시인도 마찬가지인 것 같습니다. 큰 상을 받고 연이어 시집을 내고 시집을 냈다고 신문에 대서특필되고 하면 나이 든 시인의 경우 사막을 건너기란 더욱 힘들지 않겠어요. 젊은 사람은 사막을 헤쳐 초원 지대를 찾아가지만 나이 든 사람인 경우는 더 어려울 것 같아요. 자기를 돌아보고 앞을 내다볼 때 정말 좋은 시가 나오지 않을까요?

황동규 : 이야기를 하다보니 후배들에게 하고 싶은 말이 생각났어요. 요즘 젊은이들의 시에는 너무 꿈이 없어요. 꿈이 무엇이냐? 꿈의 핵심은 증오가 없다는 겁니다. 현실의 이해관계를 떠나는 게 꿈이죠. 삶의 부력이랄까, 상상력의 뇌관이 꿈이죠. 상상력의 섬광을 붙들려

는 순간의 손 같은 것 말이지요.

그리고 우리나라에서는 가슴이 뭉클한 시를 요구하는 경우가 지나치게 많은 것 같습니다. 월간지나 계간지의 작품들을 보면 가슴 뭉클하게 하려고 노력한 시들이 너무 많이 실려 있어요. 가슴 뭉클한 것은 시의 한 요소이지 중요한 요소가 아닙니다. 두보나 이백, 랭보나 엘리엇의 좋은 시들 가운데에는 가슴 뭉클한 시들이 별로 많지 않아요. 일반 독자들도 가슴 뭉클하고 찡한 시를 좋아하는 경향이 있지만, 『좋은 생각』 『행복이 가득한 집』 같은 잡지에 난 글을 읽다보면 더 찡한 글들이 많습니다. 특히 역경을 이겨낸 수기 같은 글들이 그렇지요. 하지만 그러한 글들을 작심하고 따르는 것은 시로서는 별로입니다.

이숭원 : 공자도 말했지만 감흥을 일으키는 것은 시의 일부에 불과하고, 이제는 비판도 하고 원망도 하고 공감도 일으키고 자기를 돌아보게도 하는, 조금은 우리를 골치 아프게 하는 시들이 있어야 하지 않을까요?

황동규 : 비평가들은 그러한 시들을 잘 해설해서 골치 안 아프게 해야겠지요.(웃음)

이숭원 : 선생님, 오늘 대담은 이것으로 마치겠습니다. 귀한 시간 내주시고 좋은 말씀 해주셔서 감사합니다.